AF273897

LA INTERVENCIÓN DE LA INSPECCIÓN DE TRABAJO Y SEGURIDAD SOCIAL EN LOS PROCESOS LABORALES

La intervención de la Inspección de Trabajo y Seguridad Social en los procesos laborales

Iván Vizcaíno Ramos

Con prólogo de Alberto Arufe Varela
y Jesús Martínez Girón

Atelier
LIBROS JURÍDICOS

Colección: Atelier Laboral

Director:
José Ignacio García Ninet
Catedrático de Derecho del Trabajo y de la Seguridad Social

Trabajo realizado al amparo del proyecto de investigación estatal PID2022-136807NB-I00, otorgado por el Ministerio de Ciencia e Innovación.

Este libro ha sido sometido a un riguroso proceso de revisión por pares.

I.S.B.N.: 978-84-10174-98-6
Depósito legal: B 18608-2024

Impresión: Podiprint

Sumario

PRÓLOGO

Esta nueva monografía de Iván VIZCAÍNO RAMOS reproduce, con levísimas actualizaciones, el texto del que fue
su tercer ejercicio en el concurso competitivo en el que
obtuvo plaza de Profesor Titular en nuestra Universidad
de A Coruña, sobre la base de que nuestra normativa
universitaria interna le obligaba a presentar y defender
en dicho tercer ejercicio del concurso un «trabajo original
de investigación». En nuestra opinión, la temática que
aborda, relativa —como indica su título— a *La intervención de la Inspección de Trabajo y Seguridad Social en
los procesos laborales* es no sólo original, sino también
rigurosamente inédita desde el punto de vista doctrinal,
hasta extremos indecibles. Lo justifica, como debe, en la
Introducción de su libro, en la que realiza un repaso ago-
tador y exhaustivo de las obras doctrinales existentes en
España, tanto monográficas como generalistas, sobre el
régimen jurídico de la actuación de nuestra Inspección
de Trabajo y Seguridad Social, con el resultado —tras esta
pesquisa, realmente grata de leer— de haber evidenciado
nuestro autor el hecho de que se trataba de un asunto
preterido por nuestra doctrina científica, quizá con una
sola excepción. Esta última se refería a la media docena

de líneas que le dedicó en 1952 la tesis doctoral de Luis
SAN MIGUEL ARRIBAS (por cierto, dirigida por el maestro
Eugenio PÉREZ BOTIJA), en las cuales defendía la necesidad de acentuar la presencia de los Inspectores de Trabajo (él mismo lo era) en los procesos laborales entonces
existentes, tramitados ante nuestras Magistraturas de Trabajo. Tirando de este hilo seminal, nuestro autor acabó
hilvanando un ovillo de más de un centenar de páginas,
en el que la originalidad de lo por él tratado se extiende,
sin mácula de ningún tipo, a las tres grandes partes en
que idealmente puede considerarse dividido este trabajo.

La primera parte se corresponde con el contenido de
los Capítulos Primero a Octavo de la obra, teniendo en
cuenta que siete de estos Capítulos desarrollan el programa o planteamiento trazado en el Primero de ellos, cuyo
título es el de «Consideraciones generales sobre la intervención de la Inspección de Trabajo y Seguridad Social,
directa o mediata, en los procesos laborales». Debemos a
Iván VIZCAÍNO RAMOS haber acuñado la terminología de
intervención procesal «directa» e indirecta o «mediata» de
la Inspección de Trabajo y Seguridad Social, sobrepo-
niéndose al asistemático tratamiento de la figura de la
intervención procesal efectuado por nuestra Ley 36/2011,
Reguladora de la Jurisdicción Social, con sus distinciones
clásicas entre intervención en el pleito, bien a título de
parte principal (demandante y demandada, recurrente y
recurrida, así como ejecutante y ejecutada), bien a título
de parte secundaria o accesoria (en este último caso, a su
vez, como «interviniente», supuesto que su intervención
fuese necesaria, o como «coadyuvante», suponiendo que
no lo fuera), habiéndole parecido a nuestro autor que los
diversos tipos de intervención procesal de la Inspección
de Trabajo y Seguridad Social, mencionados en hasta trece preceptos distintos de la propia Ley 36/2011, no enca-

jaban bien en dichas categorías clásicas, lo que le obligaba a prescindir de un metafórico *prêt-à-porter*, para centrarse en la creación de *haute couture*, en los citados Capítulos de su trabajo. Sacándole partido a esta creatividad suya, nuestro autor ha logrado identificar cuatro tipos distintos de intervenciones «directas» de la Inspección de Trabajo y Seguridad Social en procesos laborales (en concepto de informante, en incidentes sobre impugnación de órdenes de paralización de trabajos por razones de seguridad y salud laboral, en concepto de solicitante de autorizaciones judiciales, así como en concepto de receptor de comunicaciones judiciales o de solicitante de información procesal), en paralelo a otros tres tipos de intervenciones procesales «mediatas» (en concepto ahora de proponente-instante de la autoridad laboral demandante de oficio, en concepto actuarial a través de la autoridad laboral demandada, así como en concepto de receptor de comunicaciones judiciales o de colaborador con las autoridades judiciales, de nuevo a través de la autoridad laboral), sacándole así pleno partido a los trece preceptos de la Ley 36/2011, asistemáticamente trazadores de su tema.

La segunda gran parte en que se estructura este libro, metafóricamente hablando, aparece ubicada en el Capítulo Noveno del mismo (rotulado «La imposibilidad de intervención, en concepto de parte principal actora, de la Inspección de Trabajo y Seguridad Social»). En realidad, se trata de un Capítulo puente entre las partes metafóricas primera y tercera, sin el cual creemos que no hubiese podido escribirse la tercera. Tomando como pretexto la imposibilidad —como regla— de que la Inspección de Trabajo y Seguridad Social actúe como parte principal (en sentido clásico) actora en procesos laborales, nuestro autor analiza esta realidad, pero contemplándola también desde el prisma de la jurisdicción contencioso-administrativa, donde se ventilan todos los «asuntos de personal» que afectan directamente a quienes son funcionarios públicos, como es el caso de los Inspectores de Trabajo y Seguridad Social, respecto de su empleador público (que es la Administración General del Estado y, en determinados aspectos de su relación administrativa funcionarial, también dos concretas Comunidades Autónomas). Esta visión de los Inspectores de Trabajo y Seguridad Social pleiteando como actores en defensa de los derechos e intereses derivados de su relación funcionarial (por ejemplo, reclamando sus niveles retributivos; como regla, un Inspector de Trabajo y Seguridad Social tiene nivel 27, que es el mismo asignado a los Profesores Titulares de Universidad) le ha servido a nuestro autor para detectar, con pruebas empíricas extraídas de la jurisprudencia contencioso-administrativa estudiada y analizada, la existencia de un claro malestar «laboral» en el seno de nuestra Inspección de Trabajo y Seguridad Social (también existente, por cierto, en los Subinspectores de Empleo, a los que legalmente se asigna, en principio, el nivel 23), hasta el punto incluso de haber llegado a declararse en huelga (evidentemente, huelga de funcionarios), aunque sólo durase un día, por vez primera en la ya más que centenaria historia de nuestra Inspección de Trabajo. Evidentemente, si existe ese malestar «laboral», carecería de sentido realizar propuestas de *lege ferenda* tendentes a incrementar o reforzar la intervención en procesos laborales de nuestros Inspectores de Trabajo y Seguridad Social, salvo si se tratase de propuestas híper-realistas e híper-razonables, como las que nuestro autor efectúa en la tercera gran parte metafórica de esta obra que prologamos.

Esta última parte se titula «Epílogo», realizando en ella nuestro autor una comparación, basada en el articulado de la Ley 36/2011, entre el papel legalmente asignado al Ministerio Fiscal y la intervención procesal prevista en dicha Ley de la Inspección de Trabajo y Seguridad Social, siempre en procesos laborales. Pone ahora de relieve nuestro autor el contraste existente entre la falta de especialización jurídico laboral y de seguridad social del Ministerio Fiscal, de un lado, y la híper-especialización en dichos temas de la Inspección de Trabajo y Seguridad Social, del otro lado, concluyendo que habría que poner fin al hecho de que procesalmente se saque tan poco partido a quien se encuentra híper-especializado, aunque —esto sí— sin inquietar ni perturbar a nuestros Inspectores de Trabajo y Seguridad Social, dado que nuestro autor conoce —por haberlo puesto de relieve antes— la existencia entre ellos de malestar «laboral», provocado por habérseles incrementado su carga de trabajo sin que hubiese un paralelo (y según nuestro autor, justo) incremento de las retribuciones percibidas de su Administración pública empleadora. Siempre según nuestro autor, se trataría de incidir sobre el trabajo de despacho realizado por nuestros Inspectores de Trabajo y Seguridad Social, extendiendo la actividad de informar sobre pleitos laborales (que es, en la actualidad, la que materializa el grueso de sus intervenciones procesales), extendiéndola a la posibilidad de emitir informes sobre recursos laborales (posibilidad inédita, como se sabe, hasta el momento presente), lo que —en opinión de Iván Vizcaíno Ramos— podría traducirse en un incremento exponencial de la calidad de los recursos que resuelven nuestros tribunales laborales, sin tener que desplazar los informes preceptivos que realiza el Ministerio Fiscal (en principio, no especializado en asuntos jurídico laborales y de seguridad social o, cuando menos, no tan especializado como lo está un Inspector de Trabajo y Seguridad Social).

En nuestra opinión, el concurso competitivo de que trae causa esta monografía (su tercer ejercicio, recuérdese) fue un concurso brillante, por lo que no extraña que deba adjetivarse de igual modo este fruto suculento de varios años de trabajo. Es el cuarto libro de autoría individual que publica Iván VIZCAÍNO RAMOS, aunque este último libro suyo le da un perfil nuevo a su currículo investigador, pues se trata de un libro sobre Derecho Procesal del Trabajo, esto es, sobre lo que los grandes maestros laboralistas —de los que tanto todos aprendimos—, como Manuel ALONSO OLEA y Luis Enrique DE LA VILLA GIL, llamaban el Derecho en pie de guerra o, incluso, el Derecho por antonomasia. Los laboralistas, al igual que los administrativistas, somos especialmente afortunados, al disponer de nuestra propia y específica cuota de Derecho Procesal, con derecho a vida científica propia distinta de la que tiene el Derecho Procesal común, Civil y Penal. Evidentemente, esta cuota nuestra hay que cuidarla y hay que reivindicarla (frente a los procesalistas comunes), resultando la manera más eficaz de hacerlo con investigaciones —como ésta formalizada en el libro del Profesor VIZCAÍNO RAMOS, que tanto nos ha honrado prologar— rigurosamente originales. Le deseamos lo mejor en su carrera universitaria, en la que todavía le quedan muchos años de servicio activo por delante, aunque los servicios que ya ha venido prestando a nuestra Universidad coruñesa a lo largo de estos últimos 15 años, bien que como profesor no estructural (e incluso, más francamente hablando, como profesor precario), no puedan considerarse desaprovechados o infructuosos en absoluto, creyendo nosotros que esta monografía le ayudará en el empeño de conseguir su tercer sexenio de investigación, a solicitar por él dentro de sólo unos años.

Alberto Arufe Varela y Jesús Martínez Girón
Catedráticos de Derecho del Trabajo y Seguridad Social
Facultad de Derecho-Universidad de A Coruña

INTRODUCCIÓN.
LA JUSTIFICACIÓN DE LA ORIGINALIDAD DEL TEMA

1. El tema de la intervención de la Inspección de Trabajo y Seguridad Social en los procesos laborales no es un tema ordinario en los programas de explicación de la asignatura, lo que de algún modo anticipa que se trata de un tema de investigación original. Lógicamente, los programas de nuestra disciplina constan explicitados para la comunidad científica en los manuales de la propia asignatura, resultando que en ellos no aparece identificado mi concreto tema de investigación. Baste la cita a este efecto del MONTOYA MELGAR, donde el epígrafe «Funciones y actuaciones de la Inspección de Trabajo», ajustado a parámetros clásicos, excluye el tratamiento de la intervención procesal de dicha Inspección[1]; o la del MONEREO PÉREZ/MOLINA NAVARRETE/MORENO VIDA/VILA TIERNO, donde el tema aparece genéricamente tratado en un epígrafe amplio rotulado «La garantía administrativa del ordenamiento laboral», totalmente centrado en el Real Decreto Legislativo 5/2000, aunque también contenga alguna referencia episódica a la Ley 23/2015, Ordenadora del Sis-

---

1. Véase Alfredo MONTOYA MELGAR, *Derecho del Trabajo*, 41ª ed., Tecnos (Madrid, 2020), págs. 266 y ss.

tema de Inspección de Trabajo y Seguridad Social y, por supuesto, a la Ley Reguladora de la Jurisdicción Social, pero en su faceta competencial[2]; o la del GARCÍA NINET, que contiene (dentro de una lección titulada «La Administración Laboral») un epígrafe sobre «La Inspección de Trabajo y Seguridad Social», en el que se efectúa un tratamiento estándar del que llama «Procedimiento de actuación», que es un procedimiento administrativo[3]; o la del MARTÍNEZ GIRÓN/ARUFE VARELA, con pinceladas interesantes, pero centrado en «Las fuentes reguladoras y su caracterización de nuestra Inspección de Trabajo como un sistema de inspección funcionarial, integral, jurídico, mixto y parcialmente disgregado»[4]; y por supuesto, la del clásico ALONSO OLEA/CASAS BAAMONDE, anterior a la Ley 36/2011, Reguladora de la Jurisdicción Social, pero que da una idea cabal del estado de la cuestión en los programas ordinarios de Derecho del Trabajo, al focalizar el tema sobre «El procedimiento administrativo inspector y sancionador»[5]. Lo mismo cabría afirmar de manuales más específicos, centrados en el Derecho Administrativo laboral sancionador, como el clásico BLASCO PELLICER/GARCÍA RUBIO, donde se efectúa un tratamiento virtualmente omnicomprensivo de «Las funciones de la Inspección de Tra-

---

2. Véase José Luis MONEREO PÉREZ, Cristóbal MOLINA NAVARRETE, María Nieves MORENO VIDA y Francisco VILA TIERNO, *Manual de Derecho del Trabajo,* 16ª ed., Comares (Granada, 2018), págs. 658 y ss.

3. Véase José Ignacio GARCÍA NINET (Director) y Aránzazu VICENTE PALACIO (Coordinadora), *Derecho del Trabajo,* 9ª ed., Thomson Reuters Aranzadi (Cizur Menor-Navarra, 2016), págs. 264 y ss.

4. Véase Jesús MARTÍNEZ GIRÓN y Alberto ARUFE VARELA, *Derecho crítico del Trabajo. Critical labor law,* 4ª ed., Atelier (Barcelona, 2016), págs. 243 y ss.

5. Véase Manuel ALONSO OLEA y María Emilia CASAS BAAMONDE, *Derecho del Trabajo,* 26ª ed., Civitas-Thomson Reuters (Madrid, 2009), págs. 1359 y ss.

bajo», pero que también hace abstracción de la intervención de nuestra Inspección en los procesos laborales[6].

2. Lo mismo puede afirmarse de las grandes monografías existentes en España sobre la Inspección de Trabajo y Seguridad Social, que son —en lo que a mí se me alcanza— sólo tres grandes libros, pero de cita inesquivable. El primero es la monografía de SAN MIGUEL ARRIBAS sobre la Inspección de Trabajo, publicada en 1952[7]. Según PÉREZ BOTIJA, primer catedrático español de Derecho del Trabajo y prologuista de la obra, se trata de su tesis doctoral —lo que para mí le confiere un valor doctrinal muy grande, dado que en las tesis doctorales se formaliza la investigación universitaria por antonomasia—, afirmando en él que «no es costumbre prologar tesis doctorales, y menos por quien estuvo en el Tribunal que la juzgara, ya que su opinión quedó patente con la calificación académica»[8], certificando que se trata de una obra extraordinaria, a cuyo efecto confiesa incluso respecto de su autor que «como seguía de cerca su carrera y sabía que compatibilizaba su intenso esfuerzo de Delegado de Trabajo con el de profesor, le confié la revisión de algunos capítulos de una de mis obras, y aun cuando ya dejé allí patente mi reconocimiento, quiero mostrarlo una vez más aquí para reflejar mi gratitud por su eficaz ayuda»[9]. Es una monografía primeriza, que opera sobre un Derecho ya superado, pues en la fecha de publicación de la obra todavía no se había producido la unificación de las

---

6.   Véase Ángel BLASCO PELLICER y María Amparo GARCÍA RUBIO, *Curso de Derecho Administrativo laboral,* Tirant lo Blanch (Valencia, 2001), págs. 59 y ss.

7.   Véase Luis SAN MIGUEL ARRIBAS, *La inspección del trabajo,* Instituto de Estudios Políticos (Madrid, 1952), 334 págs.

8.   Pág. 11.

9.   Pág. 13.

tres inspecciones laborales existentes en aquel momento en España. Ni siquiera se había promulgado nuestra primera Ley de Procedimiento Laboral de 1958, a pesar de lo cual incluye en el Capítulo III de la Segunda Parte de la misma un subepígrafe titulado «La inspección y la Magistratura de Trabajo»[10]. En él, se refiere a que un «problema especialísimo, aunque sin importancia en cuanto al número de casos a que da lugar, es el de las actas de infracción con propuesta de sanción y detalle de los derechos patrimoniales lesionados»[11]. Pero lo verdaderamente importante son las cuatro líneas que dedica al tratamiento del tema de la intervención de la Inspección de Trabajo en los procesos laborales —que es justamente el tema que yo me propongo abordar en este trabajo—, afirmando que «habría de ser preceptiva la presencia del inspector del Trabajo en el juicio para defender los términos de su acta, propuesta de sanción, con valor de demanda»[12]. Se trata de una propuesta que me animo a jalear. Y más, teniendo en cuenta que SAN MARTÍN ARRIBAS reflexionaba sobre la legislación procesal laboral existente con anterioridad a 1958, reconducible —en lo esencial— al Libro IV del Código del Trabajo de 1926 (sobre la actuación de los desaparecidos tribunales industriales, cuando el proceso laboral se tramitaba sin jurados)[13], cabiendo valorar en sus justos términos la modesta propuesta *de lege ferenda* realizada por nuestro autor, pues hay que tener en cuenta que dicha primitiva legislación procesal laboral

---

10. Págs. 266-267.
11. Pág. 266.
12. Pág. 267.
13. Sobre la historia de los procesos de trabajo, clásico, véase Manuel ALONSO OLEA, «Notas sobre la historia de los procesos de trabajo», en *Homenaje al profesor Giménez Fernández*, vol. II, Universidad (Sevilla, 1967), págs. 567 y ss.

aplicada entonces por los magistrados de trabajo no contenía ni una sola referencia expresa a la actuación de la Inspección de Trabajo.

3. En el otro extremo del arco temporal, se sitúa otra espléndida monografía de VÁZQUEZ VÁZQUEZ, asimismo sobre la Inspección de Trabajo y Seguridad Social, publicada 66 años después, en 2018[14], cuyos prologuistas (MARTÍNEZ GIRÓN/ARUFE VARELA) afirman que «don Francisco Vázquez Vázquez contactó con nosotros, en la Facultad coruñesa de Derecho, cuando ya se había jubilado como funcionario del Cuerpo Superior de Inspección de Trabajo y Seguridad Social, habiendo dedicado los subsiguientes a su jubilación a redactar —con todo entusiasmo— este espléndido trabajo suyo de tesis doctoral»[15]. Se trata de un estudio de Derecho comparado sobre la Inspección de Trabajo y Seguridad Social, pero a la luz de la Carta Social Europea. Evidentemente, esta monografía tiene no sólo una dimensión sustantiva, sino también otra de carácter procesal, aunque no referida a los procesos abordados en nuestra Ley 36/2011, Reguladora de la Jurisdicción Social, sino a otros procesos distintos de naturaleza internacional. Se trata de los procesos sobre cumplimiento por España de lo dispuesto en la Carta Social Europea, los cuales se tramitan ante el órgano de control de dicho tratado internacional, que es el actualmente denominado Comité Europeo de Derechos Sociales. Como se ve, vuelve a destacarse en esta monografía la faceta

---

14.   Véase Francisco VÁZQUEZ VÁZQUEZ, *La Carta Social Europea y la Inspección de Trabajo. Un estudio comparado de los ordenamientos español, portugués y francés por la vía del procedimiento de control de informes*, Atelier (Barcelona, 2018), 198 págs.

15.   Pág. 12.

procesal de la Inspección de Trabajo y Seguridad Social, aunque sea una faceta exótica —en los términos en que se plantea— respecto del concreto asunto que me planteo tratar en este trabajo de investigación, ceñido a los procesos laborales españoles. De todas formas, esta obra tiene —a mis concretos efectos— un interés muy grande, pues acredita que la actuación de la Inspección de Trabajo y Seguridad Social tiene carácter transversal, afectando a todas las porciúnculas que aparecen contenidas en lo que universitariamente se conoce con el nombre de «Área de conocimiento» de Derecho del Trabajo y de la Seguridad Social. También tiene interés desde otro punto de vista, pues se anima igualmente —como ocurría en el caso de la citada tesis doctoral de SAN MIGUEL ARRIBAS— a realizar alguna propuesta *de lege ferenda*, sobre la base de que nuestro sistema de Inspección de Trabajo y Seguridad Social no se ajusta del todo a lo ordenado en la Carta Social Europea [literalmente, «el Comité Europeo de Derechos Sociales ha concluido repetidamente que nuestro modelo no es conforme con el apartado 3 del artículo 3 de la Carta Social Europea, desde el punto de vista de la eficacia de su actuación …, dadas las intolerables cifras de siniestralidad laboral que tenemos en España (así como, en las "Conclusiones" de 2004, 2007 y 2010, afirmándose en estas últimas que "el Comité concluye que la situación de España no es conforme con el artículo 3 § 2, por causa del número manifiestamente elevado de accidentes de trabajo")»][16], lo que me reafirma en mi propósito de realizar propuestas *de lege ferenda*, aunque ceñidas a mi concreto asunto de la intervención de la

---

16.   Pág. 95.

Inspección de Trabajo y Seguridad Social en procesos laborales.

4. En un punto intermedio (y en consecuencia, virtuoso) entre los dos arcos temporales marcados por las dos monografías sobre la Inspección de Trabajo a que acabo de hacer referencia, se sitúa una tercera monografía ahora publicada por ARUFE VARELA[17]. Según se afirma en su prólogo, redactado por MARTÍNEZ GIRÓN, «este nuevo libro del profesor Arufe Varela, con la adición de un capítulo final —"conclusivo y comparativo con la carrera administrativa de los Inspectores de Trabajo y Seguridad Social españoles"—, reproduce el trabajo con el que dicho investigador coruñés optó en su día al concurso de concesión de premios de investigación sobre materias relacionadas con la Inspección de Trabajo y Seguridad Social, en conmemoración del primer centenario de la creación de dicha institución, que se cumple este año 2006»[18], resaltando que «en la Orden Ministerial resolviendo el concurso en cuestión, tal y como obra publicada en el BOE, se dispuso "evaluar como mejor trabajo el realizado por don Alberto Arufe Varela..., destacando su rigor científico y su contribución al conocimiento de la carrera administrativa en el Derecho comparado"»[19]. Centrándome en el Capítulo Séptimo de dicha obra, quiero destacar que la he aprovechado —a mis concretos efectos— por causa del estudio impecable y exhaustivo que realiza del perfil «jurídico» de nuestra Inspección de Trabajo y Segu-

17. Véase Alberto ARUFE VARELA, *Estudio comparado de la carrera administrativa de los funcionarios del sistema de Inspección de Trabajo y Seguridad Social en Europa*, Ministerio de Trabajo y Asuntos Sociales (Madrid, 2007), 158 págs.
18. Pág. 11.
19. *Ibidem.*

ridad Social, comparando incluso dicho perfil con el que tiene la Inspección de Trabajo en otros países distintos de España, pero muy intensamente significativos desde el punto de vista del Derecho comparado[20]. Este estudio de ARUFE VARELA me ha ayudado muchísimo, aun reconociendo que su monografía no aborda el asunto de la intervención de la Inspección de Trabajo y Seguridad Social en procesos laborales, que es mi tema. Hay que tener en cuenta que defenderé en mi trabajo la tesis de que la híper-especialización técnica de la Inspección española de Trabajo y Seguridad Social, de un lado, contrasta con la falta de especialización de otros funcionarios públicos intervinientes en procesos laborales (es el caso claro, por ejemplo, del Ministerio Fiscal), pero a los que la Ley 36/2011, Reguladora de la Jurisdicción Social, otorga una participación de mucho mayor alcance que la reconocida a nuestra Inspección híper-especializada[21]; y de otro lado, que dicha híper-especialización me permitirá poder efectuar, al final de mi trabajo, propuestas razonables *de lege ferenda*, al efecto de corregir esa minusvaloración de la intervención procesal de nuestra Inspección de Trabajo y Seguridad Social, con la ventaja adicional —creo— de que nuestros Inspectores de Trabajo y Seguridad Social no se sentirán molestos con las propuestas realizadas de ampliación de su intervención en procesos laborales, a pesar de la carga de trabajo que soportan (y que, como pondré de relieve oportunamente en su momento, les ha conducido a tener que declararse en huelga; por cierto, un hecho insólito en los más de cien años de vida de nuestra Inspección)[22].

---

20.   Cfr. págs. 129 y ss.
21.   Véase *infra*, Epílogo.
22.   *Ibidem*.

5. En fin, queda por analizar —para justificar la originalidad del trabajo de investigación que acometo— un tercer tipo de obras doctrinales, monográficamente centrado en la protagonista central de mi trabajo, que es la Ley 36/2011, Reguladora de la Jurisdicción Social. Se trata de los comentarios a dicha Ley, realizados al modo como la doctrina alemana realiza sus famosos *Kommentare* a las leyes laborales de dicho país[23], esto es, artículo por artículo (en Alemania, parágrafo por parágrafo). Aquí brillan especialmente dos, los cuales son, de un lado, el académico dirigido por MERCADER UGUINA, que se extiende a lo largo de casi 2.000 páginas[24]; y de otro lado, el práctico dirigido por FOLGUERA CRESPO/SALINAS MOLINA/SEGOVIANO ASTABURUAGA, de casi 1.300 páginas[25]. Son útiles, pero abordan el tema de la intervención de la Inspección de Trabajo y Seguridad Social en procesos laborales de un modo completamente (y yo diría que explicablemente) atomizado, donde no existe ningún hilo conductor que una las teselas del complejísimo mosaico que trazan, lo que refuerza la originalidad de mi trabajo, en el sentido de que en él sí habrá, en cambio, un hilo conductor concreto, que reconduzca a un cosmos el aparente caos reflejado por dichos comentarios monográficos. Por

---

23. Sobre ellos, véase Jesús MARTÍNEZ GIRÓN, «El género doctrinal "Comentarios" en el Derecho alemán. A propósito del "Comentario Erfurtense" sobre Derecho alemán de Trabajo», *Revista Española de Derecho del Trabajo*, núm. 141 (2009), págs. 5 y ss.

24. Véase Jesús R. MERCADER UGUINA (Director) y Ana DE LA PUEBLA PINILLA y Francisco Javier GÓMEZ ABELLEIRA (Coordinadores), *Ley reguladora de la jurisdicción social comentada con jurisprudencia*, La Ley (Madrid, 2015), 1960 págs.

25. Véase José Ángel FOLGUERA CRESPO, Fernando SALINAS MOLINA y María Luisa SEGOVIANO ASTABURUAGA (Directores), *Comentarios a la Ley Reguladora de la Jurisdicción Social*, 3ª ed., Thomson Reuters – Lex Nova (Valladolid, 2012), 1232 págs.

cierto, lo mismo podría afirmar *mutatis mutandi* de comentarios monográficos a las leyes de procedimiento laboral que precedieron a la vigente Ley 36/2011, como algunos muy acreditados a la quinta Ley de Procedimiento Laboral de 1980[26], a la sexta Ley de Procedimiento Laboral de 1990[27], o a la séptima Ley de Procedimiento Laboral de 1995[28]. Esto despejado, sólo resta por analizar si el trabajo original de investigación que me propuse realizar encajaba o no en el perfil investigador de la plaza de Profesor Titular de Universidad sacada a concurso, a la que en su día me presenté, y que finalmente obtuve, tras superar los ejercicios correspondientes, el tercero de los cuales se refería precisamente a la confección y defensa de un «trabajo original de investigación». Se trata de un perfil peculiar y complejo —en cuya redacción yo no tuve nada que ver—, integrado por lo que parecen ser hasta seis líneas de investigación distintas. En mi opinión, sin embargo, mi trabajo encajaba como un guante no sólo en alguna o algunas de dichas líneas de investigación, sino justamente en todas ellas, dado que el tema de

---

26. Véase Carlos RODRÍGUEZ DEVESA, *Ley de Procedimiento Laboral y su jurisprudencia*, 3ª ed., Aranzadi (Madrid, 1980), 958 págs.

27. Véase Efrén BORRAJO DACRUZ (Director), *Comentarios a las Leyes Laborales*, tomo XIII, vols. 1º y 2º, Editorial Revista de Derecho Privado-EDERSA (Madrid, 1990), 1708 págs.

28. Véase Alfredo MONTOYA MELGAR, Jesús Mª. GALIANA MORENO, Antonio V. SEMPERE NAVARRO, Bartolomé RÍOS SALMERÓN, Faustino CAVAS MARTÍNEZ, José LUJÁN ALCARAZ y Alberto CÁMARA BOTÍA, *Comentarios a la Ley de Procedimiento Laboral*, Aranzadi (Elcano-Navarra, 2000), 992 págs.; Manuel IGLESIAS CABERO, Mariano SAMPEDRO CORRAL, José María MARÍN CORREA, Elías GONZÁLEZ-POSADA MARTÍNEZ y Juan José FERNÁNDEZ DOMÍNGUEZ (Coordinadores), *El proceso laboral. Ley de Procedimiento Laboral comentada*, Ediciones Deusto (Barcelona, 2005), 1797 págs.; y José Luis MONEREO PÉREZ (Director), Carolina SERRANO FALCÓN y Luis Ángel TRIGUERO MARTÍNEZ (Coordinadores), *El nuevo proceso laboral. Estudio técnico-jurídico de la Ley de Procedimiento Laboral*, Comares (Granada, 2011), 1414 págs.

la Inspección de Trabajo y Seguridad Social es —de acuerdo con el texto refundido aprobado por el Real Decreto Legislativo 5/2000— un tema transversal, que permite obtener una visión «en negativo» de todo el Derecho español del Trabajo y de todo el Derecho español de la Seguridad Social[29]. Baste afirmar, para probarlo, que la línea de investigación «formación profesional» aparece tratada en los artículos 2, 5, 14, 15, 16, 22, 23, 25, 46 o 47 del texto refundido, utilizando en todos ellos la expresión «formación profesional»; que la línea de investigación «mercado de trabajo» aparece tratada, por ejemplo, en los artículos 14 a 19 quinquies del texto refundido, sin descartar que dicha línea de investigación afecte también al desempleo, expresamente referido en los artículos 22, 23 o 24; que la línea de investigación «exclusión social» aparece tratada en el artículo 19 quinquies, utilizando precisamente dicha expresión; que la línea de investigación «sustentabilidad», si referida a la seguridad social, aparece abordada en todos los preceptos relativos a las cuotas o cotizaciones de seguridad social, en cuento que elemento nuclear de la sostenibilidad económica de nuestro sistema de seguridad social (por ejemplo, en el artículo 29, relativo expresamente al «sostenimiento económico de los Servicios comunes de la Seguridad Social»); que la línea de investigación «políticas públicas» impacta directamente no sólo en el texto refundido citado, sino también en la Ley 36/2011, supuesto que el Derecho procesal es Derecho público por antonomasia, no quedando más remedio que calificar las eventuales reformas procesales laborales que propondré, como auténticas medidas de «política pública» o, si se prefiere, de po-

---

29. Véase Efrén Borrajo Dacruz, *Introducción al Derecho del Trabajo*, 20ª ed., Tecnos (Madrid, 2011), págs. 282 y ss.

lítica de orden público procesal; y por último, que la línea de investigación «avances tecnológicos» aparece cumplidamente reflejada en el texto refundido citado, a propósito de asuntos de tanta actualidad como, por ejemplo, el «trabajo a distancia» o la «teleformación» (cfr. artículo 6, 7, 16 o 23). Evidentemente, son impactos a valorar, pero que por sí solos no dicen nada, por lo que necesitan de un hilo conductor que los hilvane. Este hilo conductor aparece resumido en el título de mi trabajo de investigación (original y, al mismo tiempo, encajado en el perfil investigador de la plaza objeto del concurso citado), esto es, «La intervención de la Inspección de Trabajo y Seguridad Social en los procesos laborales». En fin, con independencia de todo lo anterior, existe una razón personal que me animó a implicarme en este tema. Con él, pretendía reforzar mi contribución a una concreta parcela del área de conocimiento de Derecho del Trabajo y de la Seguridad Social, que considero trascendental, pero en la que mis contribuciones publicistas hasta el momento presente habían sido más bien modestas[30].

---

30. Véase Iván VIZCAÍNO RAMOS, «El orden jurisdiccional provisionalmente competente para conocer de los pleitos sobre aplicación de la Ley 39/2006, de promoción de la autonomía personal y atención a las personas en situación de dependencia», *Actualidad Laboral*, núm. 3 (2014), págs. 306 y ss.; e Iván VIZCAÍNO RAMOS, «Denegación de pretensión de acceso al trabajo a distancia, formulada en conexión con el ejercicio de derechos de conciliación de la vida personal, familiar y laboral», *Revista Española de Derecho del Trabajo*, núm. 260 (2023), págs. 203 y ss.

CAPÍTULO PRIMERO

CONSIDERACIONES GENERALES SOBRE LA INTERVENCIÓN DE LA INSPECCIÓN DE TRABAJO Y SEGURIDAD SOCIAL, DIRECTA O MEDIATA, EN LOS PROCESOS LABORALES

1. El término jurídico «intervención» es moneda corriente en el vocabulario utilizado por la Ley 36/2011, Reguladora de la Jurisdicción Social, aunque esta última utiliza dicha palabra en dos sentidos distintos[1]. En sentido estricto o formal, para referirse a las partes actuantes en los procesos laborales que regula, pudiendo tratarse de las partes principales (esto es, demandante y demandado, en los procesos de cognición[2]; recurrente y recurrido, en los procesos de impugnación[3]; y por último,

---

1.   Sobre el tema, clásico, véase Manuel Alonso Olea, César Miñambres Puig y Rosa Mª. Alonso García, *Derecho Procesal del Trabajo,* 11ª ed., Civitas (Madrid, 2001), págs. 102 y ss.

2.   Cfr., por ejemplo, artículos 18, 26 y 88, todos ellos utilizando la palabra «intervención».

3.   Cfr., por ejemplo, artículo 226, apartado 1, a propósito del recurso de casación para la unificación de doctrina, según el cual «si la parte o partes recurridas no se hubieran personado, el trámite del recurso seguirá adelante sin su intervención».

ejecutante y ejecutado, en los procesos de ejecución[4]), aunque también se refiere a las partes secundarias o accesorias, las cuales se conocen precisamente con el nombre de «intervinientes», si su participación en los procesos laborales fuese necesaria (como en el caso del Ministerio Fiscal, interviniente típico en todos aquellos procesos laborales especiales en cuya regulación se afirma que «será parte siempre»[5], pudiendo intervenir en posición «de conformidad u oposición, respecto de la pretensión» sostenida por las partes principales[6]; también, las entidades gestoras y la Tesorería General de la Seguridad Social, dado que «las entidades u organismos gestores y la Tesorería General de la Seguridad Social, podrán personarse y ser tenidas por parte, con plenitud de posibilidades de alegación y defensa, incluida la de interponer el recurso o remedio procesal que pudiera proceder, en los pleitos en materia de prestaciones de Seguridad Social y, en general, en los procedimientos en los que tengan interés por razón del ejercicio de sus competencias, sin que tal *intervención* haga retroceder ni detener el curso de las actuaciones»[7]; y por supuesto, el FOGASA, dado que «el Fondo de Garantía Salarial, cuando resulte necesario en

---

4.   Cfr., por ejemplo, artículo 240, apartado 1, según el cual «quienes, sin figurar como acreedores o deudores en el título ejecutivo o sin haber sido declarados sucesores de unos u otros, aleguen un derecho o interés legítimo y personal que pudiera resultar afectado por la ejecución que se trate de llevar a cabo, tendrán derecho a intervenir en condiciones de igualdad con las partes en los actos que les afecten».

5.   Cfr. artículo 164, apartado 6.

6.   Cfr. artículo 166, apartado 1. Sobre el tema, véase María del Carmen ARROYO MENA, «Intervención del Ministerio Fiscal en el proceso laboral», *Revista Española de Derecho del Trabajo*, núm. 82 (1997), págs. 191 y ss.

7.   Artículo 141, apartado 1. Sobre el tema, véase Francisco J. GÓMEZ ABELLEIRA, *El proceso especial de seguridad social*, EDERSA (Madrid, 2000), págs. 45 y ss.

defensa de los intereses públicos que gestiona y para ejercitar las acciones o recursos oportunos, podrá comparecer como parte en cualquier fase o momento de su tramitación, en aquellos procesos de los que se pudieran derivar prestaciones de garantía salarial, sin que tal *intervención* haga retroceder ni detener el curso de las actuaciones»[8]), o con la denominación de «coadyuvantes», si su participación en los procesos laborales tuviese un carácter meramente voluntario (como cuando se afirma, por ejemplo, que «los sindicatos y asociaciones empresariales más representativos, así como aquellos con implantación en el ámbito de efectos del litigio, y el empresario y la representación unitaria de los trabajadores en el ámbito de la empresa, podrán personarse y ser tenidos como parte en los procesos en los que tengan interés en defensa de los intereses económicos y sociales que les son propios o en su función de velar por el cumplimiento de las normas vigentes, sin que tal *intervención* haga detener o retroceder el curso de las actuaciones»)[9].

Frente a este sentido estricto o formal, también utiliza la palabra «intervención» en sentido amplio o material, para referirse a otros sujetos también participantes en los procesos laborales, pero en concepto y por títulos distintos de los que legitiman la intervención de las partes (sean principales o secundarias), como en los casos claros, por ejemplo, de los expertos a que se refieren sus artículos

---

8. Artículo 23, apartado 1. Sobre el tema, véase Pedro SORIA FERNÁNDEZ MAYORATAS, «La intervención del FOGASA en el proceso laboral», *Revista Española de Derecho del Trabajo*, núm. 218 (2019), págs. 177 y ss.

9. Artículo 151, apartado 6. Sobre el tema, clásico, véase, María del Carmen ORTIZ LALLANA, *La intervención del sindicato en el proceso de trabajo,* Consejo Económico y Social (Madrid, 1994), págs. 103 y ss.

90^{10} y 93^{11}, resultando que este sentido amplio de la palabra intervención es el que utilizaré a todo lo largo de este trabajo, pues —como comprobaremos más adelante— la Inspección de Trabajo y Seguridad Social no puede participar en concepto de parte en los procesos laborales[12].

2. Como se sabe, las grandes leyes procesales españolas son cuatro, relativas a otros tantos órdenes jurisdiccionales. Se trata de la Ley de Enjuiciamiento Criminal, aprobada por Real Decreto de 14 septiembre 1882; de la Ley 29/1998, Reguladora de la Jurisdicción Contencioso-administrativa; de la Ley 1/2000, de Enjuiciamiento Civil; y por último, de la Ley 36/2011, Reguladora de la Jurisdicción Social. Pues bien, salvo esta última, ninguna de las otras tres leyes procesales menciona expresamente en su articulado a la Inspección de Trabajo y Seguridad Social. Se trata de una realidad sorprendente, pues —como tendremos ocasión de comprobar en su momento— resulta frecuente que los Inspectores de Trabajo y Seguridad So-

---

10. Según el cual, «cuando sea necesario a los fines del proceso el acceso a documentos o archivos, en cualquier tipo de soporte, que pueda afectar a la intimidad personal u otro derecho fundamental, el juez o tribunal, siempre que no existan medios de prueba alternativos, podrá autorizar dicha actuación, mediante auto, previa ponderación de los intereses afectados a través de juicio de proporcionalidad y con el mínimo sacrificio, determinando las condiciones de acceso, garantías de conservación y aportación al proceso, obtención y entrega de copias e intervención de las partes o de sus representantes y expertos, en su caso» (apartado 4).

11. Según el cual, «el órgano judicial, de oficio o a petición de parte, podrá requerir la intervención de un médico forense, en los casos en que sea necesario su informe en función de las circunstancias particulares del caso, de la especialidad requerida y de la necesidad de su intervención, a la vista de los reconocimientos e informes que consten previamente en las actuaciones» (apartado 2).

12. Véase *infra*, Capítulo Noveno.

cial tengan que intervenir, bien en concepto de informantes, bien en concepto de testigos, bien en concepto de peritos, sobre todo en procesos criminales[13]. La mención de la Inspección de Trabajo y Seguridad Social en los procesos laborales tiene carácter tradicional en nuestro Derecho, bastando afirmar —para probarlo— que la primera ley procesal laboral española de 1958[14] contenía ya menciones expresas a la intervención de la misma, a pesar del hecho de que hasta el año 1962 no llegaron a unificarse la Inspección de Trabajo, la Inspección de Emigración y la Inspección de Seguros Sociales. En efecto, dicha vieja Ley contenía hasta tres referencias expresas a nuestro tema, relativas a lo siguiente: 1) «En toda demanda por incapacidad permanente deberá el Magistrado acordar en la providencia de admisión que se solicite de la *Inspección Provincial de Trabajo* respectiva informe sobre las circunstancias que concurrieron en los hechos productores del accidente, trabajo que realizaba el accidentado y salario que percibía, y se requerirá del facultativo de la Caja Nacional del Seguro de Accidentes del Trabajo un dictamen pericial médico acerca de la naturaleza de las lesiones que padezca el demandante y si las mismas han producido limitación o defectos orgánicos que influyan en su capacidad laboral»[15]; 2) «El procedimiento ante la Magistratura de Trabajo podrá iniciarse de oficio como consecuencia de las certificaciones de las actas de infracción de la *Inspección de Trabajo*, acuerdos de las Delegaciones de Trabajo y comunicaciones de la Inspección Técnica de Previsión Social en materia de accidentes de trabajo y cualesquiera otras a las que la legis-

---

13. Véase *infra*, Capítulo Segundo.
14. Aprobada por Decreto de 4 julio 1958.
15. Artículo 117.

lación vigente conceda la cualidad de demanda»[16]; y 3) «Admitidas a trámite o subsanados sus defectos, continuará el procedimiento con arreglo a las normas generales del presente Decreto, con las especialidades siguientes ... los pactos entre trabajadores y empresas posteriores al acta de infracción tan sólo tendrán validez en el supuesto de que hayan sido convenidos y ejercitados a presencia del *Inspector del Trabajo* que levantó el acta o del Organismo que denunció la infracción»[17]. Para completar el contexto normativo procesal de las referencias expresas a mi tema, indicaré que la Ley Orgánica 6/1985, del Poder Judicial (a la que, por cierto, la Ley 36/2011, Reguladora de la Jurisdicción Social, remite hasta en dieciséis ocasiones)[18], tampoco contiene ni una sola referencia expresa a la intervención procesal de la Inspección de Trabajo y Seguridad Social, ni en procesos laborales ni en otros procesos distintos.

3. Lógicamente, ha de partirse de la Ley 36/2011, Reguladora de la Jurisdicción Social, a efectos de tener un conocimiento cabal de cuál sea el régimen jurídico de la intervención de la Inspección de Trabajo y Seguridad Social en procesos laborales, resultando que esta última —salvo error u omisión inadvertidamente cometidos— contiene trece referencias expresas a la Inspección de Trabajo y Seguridad Social (o en su caso, a los Inspectores de Trabajo y Seguridad Social), en sus artículos 2, 76, 95, 137, 138, 138 bis, 142, 147, 148 (2), 150, 151 y 152. Todos estos preceptos regulan de un modo u otro la intervención de la Inspección de Trabajo y Seguridad Social

---

16. Artículo 119.
17. Artículo 121, párrafo segundo, especialidad 3ª.
18. Cfr. artículos 9, 12, 13, 15 (4), 22, 42, 74, 75, 98, 185, 236 (2) y 237.

en procesos laborales, salvo uno. Se trata del artículo 150, allí donde afirma que «los pactos entre trabajadores y empresarios posteriores al acta de infracción tan sólo tendrán eficacia en el supuesto de que hayan sido celebrados en presencia del inspector de trabajo que levantó el acta o de la autoridad laboral»[19]. Es una norma tradicional (existente, como antes se dijo, ya en la primera Ley de Procedimiento Laboral de 1958, con un tenor literal idéntico al actual), pero que claramente se refiere a actuaciones pre-procesales y no jurisdiccionales, de manera que la intervención en ellas de la Inspección de Trabajo y Seguridad Social no puede ser calificada como intervención en procesos laborales. Lo confirman los comentaristas del mismo, apuntando a que «el precepto establece una tutela frente a la capacidad dispositiva de las partes fuera del marco procesal a fin de que no se llegue extrajudicialmente a acuerdos abusivos para el trabajador»[20], por lo que —fuera siempre del marco procesal— se consagra «una indisponibilidad del valor económico de los perjuicios causados por la infracción empresarial»[21]. Lógicamente, el molde de Derecho laboral común del precepto en cuestión es extraprocesal. Se encuentra contenido en el artículo 3 del Estatuto de los Trabajadores, allí donde afirma que «los trabajadores no podrán disponer válidamente, antes o después de su ad-

---

19.   Apartado 2, letra c.

20.   Véase José Ángel FOLGUERA CRESPO, Fernando SALINAS MOLINA y María Luisa SEGOVIANO ASTABURUAGA (Directores), *Comentarios a la Ley Reguladora de la Jurisdicción Social,* 3ª ed., Thomson Reuters – Lex Nova (Valladolid, 2012), pág. 1040.

21.   Véase Jesús R. MERCADER UGUINA (Director) y Ana DE LA PUEBLA PINILLA y Francisco Javier GÓMEZ ABELLEIRA (Coordinadores), *Ley reguladora de la jurisdicción social comentada con jurisprudencia*, La Ley (Madrid, 2015), pág. 649.

quisición, de los derechos que tengan reconocidos por disposiciones legales de derecho necesario»[22].

4. Descontado este precepto y sobre la base de que la Ley 36/2011 se estructura en cuatro Libros, resulta que once de las menciones expresas citadas aparecen concentradas todas en el Libro Segundo (rotulado «Del proceso ordinario y de las modalidades procesales»), que son las que constan en los artículos 76, 95, 137, 138, 138 bis, 142, 147, 148 (2), 151 y 152. Además, dentro de este Libro, también resulta que nueve de dichas referencias expresas se refieren a la intervención de la Inspección de Trabajo y Seguridad Social en procesos laborales especiales (todas ellas aparecen alojadas en su Título II, bajo la rúbrica «De las modalidades procesales»), apareciendo alojadas las dos que quedan en su Título I (rotulado «Del proceso ordinario»), esto es, sus artículos 76 y 95. Llama poderosamente la atención que sólo se prevea la intervención de la Inspección de Trabajo y Seguridad Social en los procesos laborales de cognición, que son precisamente los procesos laborales de primera y única instancia. Es lo que quiere la Ley 36/2011 (por cierto, en línea con lo que

---

22. Apartado 5, inciso primero. Sobre el tema, véase Luis Enrique DE LA VILLA GIL, «El principio de irrenunciabilidad de los derechos laborales», *Revista de Política Social*, núm. 85 (1970), págs. 50 y ss.; Antonio BAYLOS GRAU, «Contrato de trabajo e irrenunciabilidad de derechos», en Antonio BAYLOS GRAU, Candy FLORENCIO THOMÉ y Rodrigo GARCÍA SCHWARZ (Coordinadores), *Diccionario internacional de Derecho del Trabajo y de la Seguridad Social*, Tirant lo blanch (Valencia, 2014), págs. 375 y ss.; y Juan Antonio FERNÁNDEZ BERNAD, «El principio de indisponibilidad/irrenunciabilidad de derechos laborales: cuestiones actuales», en Juan Antonio MALDONADO MOLINA, María Nieves MORENO VIDA, José Luis MONEREO PÉREZ, Fábio Túlio BARROSO y Horacio LAS HERAS (Directores), *El futuro del Derecho del Trabajo y de la Seguridad Social en un panorama de reformas estructurales. Desafíos para el trabajo decente*, Laborum (Murcia, 2018), págs. 1281 y ss.

disponían a este respecto las siete Leyes de Procedimiento Laboral anteriores a ellas), pero que resulta totalmente insatisfactorio e, incluso, criticable desde el punto de vista de la dogmática jurídica procesal. Como veremos en su momento, la intervención de la Inspección de Trabajo y Seguridad Social en los procesos laborales de cognición está íntimamente vinculada a la práctica de la prueba documental o pericial, que no sólo cabe practicar en la primera y única instancia. Baste la cita, a este respecto, del artículo 233 (ubicado en las disposiciones comunes a los recursos de suplicación y casación), donde se autoriza la práctica de nueva prueba documental en vía de recurso (literalmente, «La Sala no admitirá a las partes documento alguno ni alegaciones de hechos que no resulten de los autos», teniendo en cuenta que «no obstante si alguna de las partes presentara alguna sentencia o resolución judicial o administrativa firmes o documentos decisivos para la resolución del recurso que no hubiera podido aportar anteriormente al proceso por causas que no le fueran imputables, y en general cuando en todo caso pudiera darse lugar a posterior recurso de revisión por tal motivo o fuera necesario para evitar la vulneración de un derecho fundamental»)[23], lo que evidentemente podría llegar a afectar a actas o informes de la Inspección de Trabajo y Seguridad Social, pero sin que se mencione expresamente esta última. Sobre el asunto volveré a insistir más adelante, al realizar alguna propuesta *de lege ferenda*, pues me parece inadmisible que no se aproveche la híper-especialización de la Inspección de Trabajo y Seguridad Social, a la hora de emitir informe

---

23.   Cfr. apartado 1. Sobre el tema, véase, Jesús MARTÍNEZ GIRÓN, «La prueba en los recursos laborales. Interpretación del art. 231 de la Ley de Procedimiento Laboral», *Estudios de Derecho Judicial*, núm. 63 (2004), págs. 97 y ss.

sobre sentencias de instancia recurridas, con independencia de que el recurso planteado sea el de suplicación, el de casación ordinaria o el de casación para la unificación de doctrina.

5. La mención expresa restante aparece alojada en el Libro Primero de la Ley 36/2011, que aborda la «Parte General». Se trata del artículo 2 (rotulado «Ámbito del orden jurisdiccional social»), letra e), que es un precepto muy premioso. Contiene un primer medio-inciso larguísimo (literalmente, «Para garantizar el cumplimiento de las obligaciones legales y convencionales en materia de prevención de riesgos laborales, tanto frente al empresario como frente a otros sujetos obligados legal o convencionalmente, así como para conocer de la impugnación de las actuaciones de las Administraciones públicas en dicha materia respecto de todos sus empleados, bien sean éstos funcionarios, personal estatutario de los servicios de salud o personal laboral, que podrán ejercer sus acciones, a estos fines, en igualdad de condiciones con los trabajadores por cuenta ajena, incluida la reclamación de responsabilidad derivada de los daños sufridos como consecuencia del incumplimiento de la normativa de prevención de riesgos laborales que forma parte de la relación funcionarial, estatutaria o laboral»), concluyendo con un segundo medio-inciso, en el que se afirma —aquí está la referencia expresa a nuestra Inspección—, literalmente, «y siempre sin perjuicio de las competencias plenas de la Inspección de Trabajo y Seguridad Social en el ejercicio de sus funciones». Es un precepto que tiene un interés dogmático muy grande a mis concretos efectos, pues alerta de que el régimen jurídico de la intervención de la Inspección de Trabajo y Seguridad Social en procesos laborales puede estar contenido no sólo en la Ley

36/2011, sino también en otras normas distintas. Como veremos en sus respectivos momentos, puede tratarse de normas con rango legal, como es el caso de la Ley 23/2015, Ordenadora del Sistema de Inspección de Trabajo y Seguridad Social. Pero podría tratarse, también, de meras normas reglamentarias, brillando entre estas últimas el Real Decreto 138/2000, por el que se aprueba el Reglamento de organización y funcionamiento de la Inspección de Trabajo y Seguridad Social.

6. De las once menciones expresas a la intervención de la Inspección de Trabajo y Seguridad Social en procesos laborales, contenidas en la Ley 36/2011, merecen atención especial aquéllas que se refieren a la intervención «directa» de la Inspección de Trabajo y Seguridad Social, refiriéndose este calificativo al hecho de que la protagoniza trabando personalmente una relación con el órgano jurisdiccional social. Dichas intervenciones «directas» serán estudiadas puntual y detalladamente en sus respectivos momentos, aunque procederé ahora a enumerarlas, con la finalidad de hacerse una idea relativamente aproximada de la mayor o menor magnitud que tiene la intervención de la Inspección de Trabajo y Seguridad Social en los procesos laborales de primera y única instancia. Es el caso de las cuatro menciones siguientes, todas ellas expresamente previstas en la Ley 36/2011, a saber: 1) la intervención directa —en concepto de informante— de la Inspección de Trabajo y Seguridad Social, a que se refieren los artículos 95, 137, 138, 138 bis y 142 de la Ley 36/2011[24]; 2) la intervención directa —en concepto de solicitante de autorizaciones judiciales— de la

---

24. Véase *infra*, Capítulo Segundo.

Inspección de Trabajo y Seguridad Social, a que se refiere el artículo 76 de la Ley 36/2011[25]; 3) la intervención directa —en concepto de receptor de comunicaciones judiciales— de la Inspección de Trabajo y Seguridad Social, a que se refiere el artículo 147 de la Ley 37/2011[26]; y 4) la intervención directa dual —en incidentes sobre impugnación de órdenes de paralización de trabajos por razones de seguridad y salud laboral— de la Inspección de Trabajo y Seguridad Social, a que se refiere el artículo 152 de la Ley 36/2011[27]. Ahora bien, al margen de lo expresamente previsto en la Ley 36/2011, existen otros supuestos de actuaciones jurisdiccionales de la Inspección de Trabajo y Seguridad Social, asimismo «directas», pero que no aparecen expresamente previstas en la Ley 36/2011, Reguladora de la Jurisdicción Social, aunque se encuentren amparadas por el tenor de su ya citado artículo 2 (recuérdese, «y siempre sin perjuicio de las competencias plenas de la Inspección de Trabajo y Seguridad Social en el ejercicio de sus funciones»). Es el caso de la intervención «directa» —en concepto de solicitante de autorizaciones judiciales— de la Inspección de Trabajo y Seguridad Social, que aparece prevista en el artículo 16 de la Ley 23/2015, Ordenadora del Sistema de Inspección de Trabajo y Seguridad Social, a la que necesariamente tendremos que referirnos en su momento, más adelante[28].

7. Los preceptos de la Ley 36/2011 expresamente relativos a intervenciones procesales «directas» de la Inspección de Trabajo y Seguridad Social, así como los preceptos de otras normas distintas igualmente relativos a dicho

---

25.   Véase *infra*, Capítulo Cuarto.
26.   Véase *infra*, Capítulo Quinto.
27.   Véase *infra*, Capítulo Tercero.
28.   Véase *infra*, Capítulo Cuarto.

concreto tipo de intervenciones, no agotan el catálogo de supuestos en que la Inspección de Trabajo y Seguridad Social interviene en procesos laborales de primera y única instancia. En efecto, existen también supuestos de intervención suya «mediata», en los que la relación entre el órgano jurisdiccional laboral y la Inspección no se traba directa o personalmente entre ellos, sino a través de la intervención de la autoridad laboral, aunque con un protagonismo evidente e indiscutible de la Inspección de Trabajo y Seguridad Social. Como ocurría en los supuestos de intervención procesal «directa», estos otros supuestos de intervención procesal «mediata» de la Inspección de Trabajo y Seguridad Social, pueden aparecer previstos, bien en la Ley 36/2011, Reguladora de la Jurisdicción Social, bien en otras normas distintas. Así, respecto de los primeros cabe la cita de al menos tres preceptos de la Ley 36/2011, a saber: 1) su artículo 124, a propósito de la intervención mediata a través de la autoridad laboral, en concepto de receptor de comunicaciones judiciales, de la Inspección de Trabajo y Seguridad Social[29]; 2) su artículo 148, a propósito de la intervención mediata a través de la autoridad laboral, en concepto de proponente de demandas de oficio, de la Inspección de Trabajo y Seguridad Social[30]; y 3) su artículo 151, a propósito de la intervención mediata a través de la autoridad laboral, en concepto actuarial, de la Inspección de Trabajo y Seguridad Social, que —como comprobaremos en su momento— constitye el supuesto estelar de intervención procesal mediata de la Inspección de Trabajo y Seguridad Social[31]. Respecto de los supuestos extravagantes, al vagar al margen de la

---

29.   Véase *infra*, Capítulo Octavo.
30.   Véase *infra*, Capítulo Sexto.
31.   Véase *infra*, Capítulo Séptimo.

Ley 36/2011, cabe la cita del artículo 17 de la Ley 23/2015, Ordenadora del Sistema de Inspección de Trabajo y Seguridad Social, donde se prevé la intervención mediata a través de la autoridad laboral, en concepto de colaborador con otras autoridades públicas, de la Inspección de Trabajo y Seguridad Social[32].

---

32. Véase *infra*, Capítulo Octavo.

CAPÍTULO SEGUNDO

LA INTERVENCIÓN DIRECTA, EN CONCEPTO DE INFORMANTE, DE LA INSPECCIÓN DE TRABAJO Y SEGURIDAD SOCIAL

1. La emisión de informes en procesos laborales por parte de la Inspección de Trabajo y Seguridad Social es quizá una de las intervenciones procesales laborales más característica de nuestra Inspección, aunque lo que sorprende es que no exista en la Ley 36/2011, Reguladora de la Jurisdicción Social, ninguna previsión expresa acerca de que los mismos deban allegarse a los órganos jurisdiccionales laborales a través de medios telemáticos[1]. Evi-

---

[1].   Las referencias de dicha Ley a las nuevas tecnologías de la información y de la comunicación se han multiplicado exponencialmente, tras la promulgación del Real Decreto-ley 6/2023, sobre medidas urgentes para la ejecución del Plan de Recuperación, Transformación y Resiliencia en materia de servicio público de justicia, función pública, régimen local y mecenazgo, que procedió a enmendar sus artículos 2, 18, 19, 21, 25, 26, 28, 29, 34, 44, 55, 59, 62, 81, 89, 97, 101, 103, 143, 188, 191, 234, 236 y 244, y sus disposiciones transitoria cuarta y final séptima, amén de añadírsele los nuevos artículos 86bis, 247bis y 247ter, debiendo añadirse a este hecho las múltiples referencias a dichas tecnologías que ya contenía la propia Ley, en sus artículos 48.1, 56.5, 82.4, 87.3, 87.6, 88.1, 124.9, 124.10, 195.1, 205.2, 209.3, 211.2, 220.2, 223.1, 226.2 o 232.1. Sobre la importancia del tema desde el punto de vista iuslaboralista, ejemplar y muy amena, véase Henar ÁLVAREZ CUESTA, *El impacto de la inteligencia artificial en el trabajo: desafíos y propuestas*, Thomson Reuters-Aranzadi (Cizur Menor-Navarra, 2020), págs. 17 y ss.; también, Henar ÁLVAREZ CUESTA, «El impacto de la

dentemente, se trata de una intervención «directa» al quedar trabada la peculiar relación procesal a que da lugar entre el órgano jurisdiccional laboral de primera y única instancia y el concreto Inspector de Trabajo y Seguridad Social informante, bien porque lo impone la Ley, bien porque lo solicita el propio órgano jurisdiccional. Además, tiene un carácter absolutamente tradicional en nuestra legislación procesal laboral, pues ya aparecía prevista en nuestra primera Ley de Procedimiento Laboral de 1958[2], donde se afirmaba que «en toda demanda por incapacidad permanente deberá el Magistrado acordar en la providencia de admisión que se solicite de la Inspección de Trabajo respectiva *informe* sobre las circunstancias que concurrieron en los hechos productores del accidente, trabajo que realizaba el accidentado y salario que percibía, y se requerirá del facultativo de la Caja Nacional del Seguro de Accidentes de Trabajo un dictamen pericial médico acerca de la naturaleza de las lesiones que padezca el demandante y si las mismas han producido limitación o defectos orgánicos que influyan en su capacidad laboral»[3]. Como se ve, este viejo precepto

---

tecnología en las relaciones laborales: retos presentes y desafíos futuros», *Revista Justicia & Trabajo,* núm. 2 (2023), págs. 39 y ss; y anticipándose a las previsiones del Real Decreto-ley recién citado, Rodrigo TASCÓN LÓPEZ, *Hacia la eficiencia procesal en el orden social de la jurisdicción,* Aranzadi (Cizur Menor-Navarra, 2023), págs. 33 y ss. Téngase en cuenta que el Tribunal Constitucional ha admitido a trámite el Recurso de Inconstitucionalidad contra el citado Real Decreto-ley 6/2023, planteado por 50 diputados del Grupo Parlamentario Popular del Congreso de los Diputados (*Boletín Oficial del Estado* de 27 abril 2024).

2.   Aprobada por Decreto de 4 julio 1958.

3.   Artículo 117. Este precepto viene de viejo, aunque el tema se regulase al margen de la legislación procesal, afirmando a este respecto nuestra doctrina procesalista más antigua que «El D. de 23 de diciembre de 1944, al reforzar las facultades sancionadoras para evitar pactos nulos en materia de accidentes, ordena que en toda reclamación por incapacidad permanente debe

contraponía «informe» de la Inspección y «dictamen pericial», esbozando así un problema de naturalezas jurídicas, que —como pondré de relieve más adelante— todavía permanece irresuelto en la actualidad. Desde aquellos lejanos tiempos, la actividad procesal informante de la Inspección de Trabajo y Seguridad Social no ha dejado de crecer, hasta el punto incluso de que ahora se refieren expresamente a ella hasta cinco preceptos distintos de la Ley 36/2011, Reguladora de la Jurisdicción Social. Se trata de sus artículos 95, 137, 138, 138 bis y 142, que procederé a examinar por separado en lo que sigue. Comprobaremos que tratan de materias litigiosas muy diversas, pero respecto de las cuales existe un común denominador muy claro, pues se trata siempre de asuntos en los que cabe afirmar que nuestra Inspección de Trabajo y Seguridad Social se encuentra híper-especializada en su conocimiento, tanto desde un punto de vista teórico como en su dimensión práctica.

2. El viejo precepto recién citado de la Ley de Procedimiento Laboral de 1958 ha acabado recalando en el artículo 95 de la Ley 36/2011, Reguladora de la Jurisdicción Social, allí donde afirma que «en procesos derivados de accidente de trabajo y enfermedad profesional, el órgano judicial, si lo estima procedente, podrá recabar *informe* de la Inspección de Trabajo y Seguridad Social y

---

el Magistrado acordar en la providencia en que admita su interposición, se solicite informe de la Inspección Provincial de Trabajo respectiva, sobre las circunstancias que concurrieron en los hechos productores del accidente, y se requerirá al Médico de la Caja Nacional un dictamen pericial acerca de la naturaleza de las lesiones que padezca el actor y sobre si han producido limitaciones o defectos orgánicos que influyan en su capacidad laboral». Al respecto, véase Juan MENÉNDEZ PIDAL, *Derecho Procesal Social*, Editorial Revista de Derecho Privado (Madrid, 1947), págs. 296-297.

de los organismos públicos competentes en materia de
prevención y salud laboral, así como de las entidades e
instituciones legalmente habilitadas al efecto»[4]. Los comentaristas relativos a este precepto insisten, de un lado,
en que este informe de la Inspección de Trabajo y Seguridad Social no resulta asimilable al dictamen de «personas expertas» a que se refiere el apartado 1 del propio
precepto, en lo que estamos de acuerdo, aunque volvere-
mos luego sobre este asunto, cuando realicemos una valoración conjunta de la intervención procesal de la Inspección de Trabajo y Seguridad Social, en concepto de
informante; y de otro lado, en que existe un relativo solapamiento entre este precepto y el artículo 142, apartado 2, de la Ley 36/2011, al cual nos referiremos dentro de
un momento[5]. En mi opinión, la carga genética primitiva
de este precepto es evidente, fundamentalmente por dos
razones. En primer lugar, porque nada dice acerca de en
qué supuestos puede resultar inútil la emisión del informe a que se refiere, pareciéndome claro que dicha emisión carece de sentido cuando el informe de la Inspección de Trabajo y Seguridad Social ya constase en el
expediente administrativo, debiendo tenerse en cuenta
que dicha constancia tiene su base en lo dispuesto en la
Ley 31/1995, de Prevención de Riesgos Laborales, allí
donde afirma que corresponde a la Inspección de Trabajo y Seguridad Social «informar a la autoridad laboral sobre los accidentes de trabajo mortales, muy graves o gra-

---

4.   Apartado 4. Sobre la historia del tema, véase Francisco J. GÓMEZ ABE-
LLEIRA, *El proceso especial de seguridad social,* EDERSA (Madrid, 2000), págs. 26
y ss.

5.   Véase, sobre todo ello, Jesús R. MERCADER UGUINA (Director) y Ana DE
LA PUEBLA PINILLA y Francisco Javier GÓMEZ ABELLEIRA (Coordinadores), *Ley reguladora de la jurisdicción social comentada con jurisprudencia,* La Ley (Madrid, 2015), págs. 675-676.

ves, y sobre aquellos otros en que, por sus características o por los sujetos afectados, se considere necesario dicho informe, así como sobre las enfermedades profesionales en las que concurran dichas calificaciones y, en general, en los supuestos en que aquélla lo solicite respecto del cumplimiento de la normativa legal en materia de prevención de riesgos laborales»[6]. En segundo lugar, supuesto que el órgano jurisdiccional laboral no se considere suficientemente ilustrado por el informe de la Inspección de Trabajo y Seguridad Social sobre el tema obrante en autos, porque no fija ningún tipo de plazo para que la Inspección lo emita, lo que provoca —en mi opinión— que tenga que aplicarse el plazo a que se refiere el artículo 142, apartado 2, de la Ley 36/2011, por afinidad de la materia litigiosa, del cual paso a tratar seguidamente.

3. El recién citado apartado 2 del artículo 142 de la Ley 36/2011, Reguladora de la Jurisdicción Social, afirma —con un tenor literal relativamente premioso— que «en los procesos para la determinación de contingencia o de la falta de medidas de seguridad en accidentes de trabajo y enfermedad profesional, y en los demás supuestos en que lo estime necesario, la resolución en la que se admita la demanda a trámite deberá interesar de la Inspección

---

6. Artículo 9, apartado 1, párrafo segundo, letra d). Sobre el tema, véase Manuel IGLESIAS CABERO (Coordinador), José Mª. BOTANA LÓPEZ, Iñigo SAGARDOY DE SIMÓN, Leodegario FERNÁNDEZ MARCOS y Juan José FERNÁNDEZ DOMÍNGUEZ, *Comentarios a la Ley de Prevención de Riesgos Laborales*, Civitas (Madrid, 1997), págs. 60 y ss.; José Luis MONEREO PÉREZ, Cristóbal MOLINA NAVARRETE y María Nieves MORENO VIDA (Directores), *Comentario a la Ley de Prevención de Riesgos Laborales y sus desarrollos reglamentarios,* Comares (Granada, 2004), págs. 93 y ss.; y Antonio V. SEMPERE NAVARRO (Director), *Comentarios a la Ley de Prevención de Riesgos Laborales,* Thomson Reuters-Aranzadi (Cizur Menor-Navarra, 2010), págs. 121 y ss.

Provincial de Trabajo y Seguridad Social, si no figurase ya en el expediente o en los autos, *informe* relativo a las circunstancias en que sobrevino el accidente o enfermedad, trabajo que realizaba el accidentado o enfermo, salario que percibía y base de cotización, que será expedido necesariamente en el plazo máximo de diez días»[7], teniendo en cuenta que «con antelación de al menos cinco días a la celebración del juicio, el secretario judicial deberá reiterar la remisión de dicho *informe* si éste no hubiere tenido todavía entrada en los autos»[8]. Como se ve, su solapamiento con el ya mencionado apartado 4 del artículo 95 es sólo aparente, pues este otro precepto menciona *expressis verbis* la «determinación de contingencia», así como la «falta de medidas de seguridad en accidentes de trabajo y enfermedad profesional». Su tenor ya no tiene la carga genética viejuna que le adjudicábamos al precepto con el que aparentemente se solapa, pues ahora se aclara que el carácter facultativo de la petición del informe a la Inspección de Trabajo y Seguridad Social, a pesar de que el precepto habla de «deberá», queda confirmada a renglón seguido con el matiz de «si no figurase ya en el expediente o en los autos». Además, también a diferencia de ese otro precepto viejo, se impo-

---

7. Inciso primero.

8. Inciso segundo. Doctrinalmente, se ha puesto de relieve acerca de este apartado todo lo siguiente: «el apartado 2 de este artículo fue objeto de dos enmiendas en el Congreso de los Diputados: una, la Nº 279, del GP Popular, y la otra, con el Nº 380, del GP Catalán. En su informe, la Ponencia propuso aceptar la enmienda del GP Catalán, lo que implicó una transacción con la enmienda presentada por el GP Popular, quedando redactado definitivamente el apartado 2 del precepto que nos ocupa tal y como consta reproducido [en la Ley]». Al respecto, José Ángel FOLGUERA CRESPO, Fernando SALINAS MOLINA y María Luisa SEGOVIANO ASTABURUAGA (Directores), *Comentarios a la Ley Reguladora de la Jurisdicción Social,* 3ª ed., Thomson Reuters – Lex Nova (Valladolid, 2012), pág. 615.

ne un plazo para la emisión de su informe por parte de la Inspección de Trabajo y Seguridad Social (literalmente, «en el plazo máximo de diez días»), previéndose incluso las consecuencias de que la Inspección de Trabajo y Seguridad Social no cumpla con el mandato judicial (literalmente, «el secretario judicial deberá reiterar la remisión de dicho informe si éste no hubiere tenido todavía entrada en los autos»). Los comentaristas relativos a este precepto afinan en la justificación del mismo, al afirmar que el valor aquí del informe emitido por la Inspección de Trabajo y Seguridad Social «reside en dos circunstancias, de un lado en la especial cualificación técnica de los funcionarios que integran la Inspección a los que se atribuye la función de vigilar y exigir el cumplimiento de las normas legales y reglamentarias en materia de Seguridad Social y, por otro lado, por las especiales facultades que estos funcionarios tienen atribuidas para conocer las circunstancias de hecho producidas pues el art. 5 de la Ley de Ordenación de la Inspección señala que los Inspectores de Trabajo y Seguridad Social tienen facultades para entrar y salir libremente en los centros de trabajo, practicar diligencias de investigación, requerir información al empresario y al personal a su servicio, requerir y comprobar los libros y documentos del empresario, tomar muestras de sustancias y materiales así como obtener fotografías, vídeos, etc.»[9].

4. Un tercer supuesto de intervención procesal directa de la Inspección de Trabajo y Seguridad Social, asimismo en concepto de informante, aparece expresamente pre-

---

9.   Véase Jesús R. Mercader Uguina (Director) y Ana De La Puebla Pinilla y Francisco Javier Gómez Abelleira (Coordinadores), *Ley reguladora de la jurisdicción social comentada con jurisprudencia,* cit., pág. 931.

visto en el artículo 137 de la Ley 36/2011, Reguladora de la Jurisdicción Social, allí donde afirma —a propósito de las reclamaciones de categoría o grupo profesional[10]— que «en la resolución por la que se admita la demanda, se recabará *informe* de la Inspección de Trabajo y Seguridad Social, remitiéndole copia de la demanda y documentos que la acompañen»[11], teniendo en cuenta que «el *informe* versará sobre los hechos invocados, en relación con el sistema de clasificación aplicable, y demás circunstancias concurrentes relativas a la actividad del actor, y deberá emitirse en el plazo de quince días»[12]. Frente a los otros dos supuestos que habíamos mencionado antes, a propósito de procesos especiales de seguridad social, en este otro proceso laboral especial la emisión del informe por parte de la Inspección de Trabajo y Seguridad Social no tiene carácter potestativo, sino que el órgano jurisdiccional social tiene que recabarlo imperativamente (recuérdese, «se recabará informe de la Inspección de Trabajo y Seguridad Social»). Evidentemente, este hecho no ha pasado desapercibido a la doctrina científica comentarista del precepto, afirmando en relación con dicho tema dos cosas. En primer lugar, «en cuanto a los efectos de la

---

10.   Sobre el tema, véase Ángel Blasco Pellicer, «Proceso de clasificación profesional», en Ángel Blasco Pellicer (Director), *El proceso laboral. Con toda la doctrina del Tribunal Constitucional, la jurisprudencia del Tribunal Supremo y la doctrina judicial de las Salas de lo Social de la Audiencia Nacional, de los Tribunales Superiores de Justicia y los Juzgados de lo Social,* Tirant lo Blanch (Valencia, 2005), págs. 729 y ss.; Francisco Andrés Valle Muñoz, «La reforma del proceso judicial de clasificación profesional», *Actualidad Laboral,* núm. 13-14 (2012), págs. 3 y ss.; Francisco Ramos Moragues, «Proceso de clasificación profesional», en Ángel Blasco Pellicer y Manuel Alegre Nueno (Directores), *El proceso laboral. Ley 36/2011, de 10 de octubre, reguladora de la Jurisdicción Social,* 2ª ed., Tirant lo Blanch (Valencia, 2021), págs. 935 y ss.

11.   Inciso primero.

12.   Inciso segundo.

ausencia de dicho informe, ... que se trata de un imperativo procesal cuyo incumplimiento determina, al margen de que las partes lo hayan denunciado, la nulidad de actuaciones y su devolución al Juzgado para que solicite dicho informe»[13]. En segundo lugar, que también cabría sostener la opinión (más prudente, y quizá más ajustada al principio de economía procesal) de que «si tal defecto no fue denunciado por las partes en el acto del juicio oral y no genera indefensión, no determina la nulidad de actuaciones»[14]. La doctrina científica insiste asimismo en referirse al «valor probatorio ...[de] los hechos reseñados en los informes emitidos por la Inspección de Trabajo y Seguridad Social, en los supuestos contemplados»[15]. En mi concreto caso, por razones sistemáticas, analizaré este tema al final del Capítulo, realizando una valoración de conjunto del valor probatorio que merezcan todos los informes emitidos por la Inspección de Trabajo y Seguridad Social, en concepto de interviniente directo como informante en procesos laborales.

5. Frente a los tres supuestos a que acabamos de hacer referencia, el contemplado en el apartado 3 del artículo 138 de la Ley 36/2011, Reguladora de la Jurisdicción Social, presenta la singularidad —a propósito de los procesos laborales especiales de movilidad geográfica y modi-

---

13.   Véase Jesús R. Mercader Uguina (Director) y Ana De La Puebla Pinilla y Francisco Javier Gómez Abelleira (Coordinadores), *Ley reguladora de la jurisdicción social comentada con jurisprudencia*, cit., pág. 871.

14.   *Ibidem*, págs. 871-872.

15.   Véase José Ángel Folguera Crespo, Fernando Salinas Molina y María Luisa Segoviano Astaburuaga (Directores), *Comentarios a la Ley Reguladora de la Jurisdicción Social*, 3ª ed., cit., pág. 56.

ficación sustancial de condiciones de trabajo[16]— de que se trata de un supuesto de intervención procesal directa de la Inspección de Trabajo y Seguridad Social, siempre en concepto de informante, pero ahora con el carácter de intervención procesal urgente, pues dicho precepto afirma que «el órgano jurisdiccional podrá recabar *informe urgente* de la Inspección de Trabajo y Seguridad Social, remitiéndole copia de la demanda y documentos que la acompañen»[17], teniendo en cuenta que «el *informe* versará sobre los hechos invocados como justificativos de la decisión empresarial en relación con la modificación acordada y demás circunstancias concurrentes»[18]. Este carácter está totalmente justificado, pues el informe en cuestión se injerta en un proceso laboral especial que tiene asimismo carácter urgente, lo cual aparece de algún modo explicitado en el propio artículo 138, allí donde afirma —sobre la base de que «el procedimiento será urgente y se le dará tramitación preferente»[19]— que «el acto de la vista habrá de señalarse dentro de los cinco días

---

16.   Sobre el tema, véase Sebastián DE SOTO RIOJA, *Proceso especial de modificaciones sustanciales y movilidad geográfica*, Thomson Reuters-Aranzadi (Cizur Menor-Navarra, 2001), págs. 19 y ss.; Francisco OLARTE MADERO, «Modalidad procesal de movilidad geográfica y modificaciones sustanciales de las condiciones de trabajo», en Ángel BLASCO PELLICER (Director), *El proceso laboral. Con toda la doctrina del Tribunal Constitucional, la jurisprudencia del Tribunal Supremo y la doctrina judicial de las Salas de lo Social de la Audiencia Nacional, de los Tribunales Superiores de Justicia y los Juzgados de lo Social*, cit., págs. 751 y ss.; y Francisco OLARTE MADERO y Tomás SALA FRANCO, «Modalidad procesal de movilidad geográfica, modificaciones sustanciales de condiciones de trabajo, suspensión del contrato y reducción de jornada por causas económicas, técnicas, organizativas o producción o derivadas de fuerza mayor», en Ángel BLASCO PELLICER y Manuel ALEGRE NUENO (Directores), *El proceso laboral. Ley 36/2011, de 10 de octubre, reguladora de la Jurisdicción Social*, 2ª ed., cit., págs. 959 y ss.

17.   Inciso primero.

18.   Inciso segundo.

19.   Apartado 5, inciso primero.

siguientes al de la admisión de la demanda, de no haberse recabado el informe previsto en el apartado 3 de este artículo»[20]. A pesar de tener este carácter, los comentaristas del precepto insisten —con razón— en apuntar que aquí el informe de la Inspección de Trabajo y Seguridad Social «no es preceptivo ni, por supuesto, vinculante para el Juzgador»[21]. En mi opinión, la laguna más importante y clamorosa existente en este precepto se refiere al hecho de que, a pesar de ser urgente el informe a emitirse —si así lo ordena el órgano jurisdiccional laboral— por la Inspección de Trabajo y Seguridad Social, no se establece ningún plazo máximo dentro del cual deba ser evacuado el informe en cuestión. Siempre en mi opinión, tal laguna podría cubrirse apelando a un criterio de interpretación sistemática, de acuerdo con el cual —sobre la base de que algunos de los informes emitibles por la Inspección de Trabajo y Seguridad Social, ya mencionados, deben evacuarse en el plazo máximo de diez días, a pesar de no tratarse de informes de carácter urgente— el plazo en cuestión tendría que ser, en todo caso, inferior al recién citado de diez días, pareciéndome que la solución más prudente (visto que el plazo para la celebración de la vista es el de cinco días siguientes a la admisión a trámite de la demanda) debería ser la de imponer otro plazo de cinco días a la Inspección de Trabajo y Seguridad Social, al efecto de que emitiese su informe con el indicado carácter urgente.

---

20. *Ibidem*, inciso segundo.
21. Véase José Ángel FOLGUERA CRESPO, Fernando SALINAS MOLINA y María Luisa SEGOVIANO ASTABURUAGA (Directores), *Comentarios a la Ley Reguladora de la Jurisdicción Social,* 3ª ed., cit., pág. 570.

6. El último supuesto expresamente previsto en la Ley 36/2011, Reguladora de la Jurisdicción Social, de intervención de la Inspección de Trabajo y Seguridad Social, siempre en concepto de informante y de nuevo con carácter urgente, aparece contenido en su artículo 138 bis, allí donde afirma —a propósito del nuevo proceso laboral especial en materia de trabajo a distancia[22]— que «el órgano jurisdiccional podrá recabar *informe urgente* de la Inspección de Trabajo y Seguridad Social, remitiéndole copia de la demanda y documentos que la acompañen»[23], teniendo en cuenta que «el *informe* versará sobre la negativa o la disconformidad comunicada por la empresa respecto de la propuesta realizada por la persona trabajadora y demás circunstancias concurrentes»[24]. Aunque algún comentarista de la Ley 36/2011 se dé por satisfecho cuando afirma —precisamente a propósito de este tipo de procesos laborales especiales urgentes, en los que se recaba emisión de informe por parte de la Inspección de Trabajo y Seguridad Social, asimismo con carácter urgente— que «en todo caso, esta [urgencia y] preferencia está, a su vez, subordinada a la de mayor rango reconocida para los procesos de tutela de derechos fun-

---

22. Sobre el tema, véase Ángel BLASCO PELLICER, «El tratamiento procesal del trabajo a distancia», en Mercedes LÓPEZ BALAGUER (Coordinadora), *El trabajo a distancia en el RDL 28/2020,* Tirant lo Blanch (Valencia, 2021), págs. 353 y ss.; Fermín GALLEGO MOYA, «Configuración judicial del teletrabajo», en Icíar ALZAGA RUIZ, Carmen SÁNCHEZ TRIGUEROS y Francisco Javier HIERRO HIERRO (Coordinadores), *El trabajo a distancia. Una perspectiva global,* Thomson Reuters-Aranzadi (Cizur Menor-Navarra, 2021), págs. 795 y ss.; e Iván VIZCAÍNO RAMOS, «Denegación de pretensión de acceso al trabajo a distancia, formulada en conexión con el ejercicio de derechos de conciliación de la vida personal, familiar y laboral», *Revista Española de Derecho del Trabajo,* núm. 260 (2023), págs. 203 y ss.

23. Apartado 1, letra b), inciso primero.

24. *Ibidem*, inciso segundo.

damentales y de conflictos colectivos»[25], esta afirmación no resulta convincente en absoluto. Lo han puesto de relieve, con toda agudeza, MARTÍNEZ GIRÓN/ARUFE VARELA, allí donde afirman que la Ley 36/2011 «respecto de hasta cinco procesos laborales especiales más, distintos de los anteriores [esto es, el de tutela de los derechos fundamentales y libertades públicas, y el de conflictos colectivos] indica —sin establecer ninguna priorización entre los cinco— que "el procedimiento será urgente y se le dará tramitación preferente" (o también, que se "señalará el juicio con el carácter de urgente"), pero teniendo en cuenta que menciona asimismo ocho procesos especiales, tres de los cuales carecen de la declaración expresa de urgencia, en relación con los cuales afirma que si se invocase "lesión de derechos fundamentales y libertades públicas se tramitarán inexcusablemente, con arreglo a la modalidad correspondiente …, dando carácter preferente a dichos procesos"»[26], concluyendo que este caos de urgencias plantea un problema insoluble a los juzgados de lo social, que les forzará, en todo caso, «a posponer la tramitación de los procesos laborales carentes de la marca de urgencia (por ejemplo, los relativos a prestaciones de seguridad social, a tramitarse por la vía de su correspondiente proceso especial, o los de reclamaciones salariales, a tramitarse por la vía del proceso laboral ordinario), respecto de los que el principio de celeridad queda enervado de hecho»[27]. Pues bien, a todo ese caos de urgencias acaba de añadírsele este proceso especial (creado

---

25. Véase Jesús R. MERCADER UGUINA (Director) y Ana DE LA PUEBLA PINILLA y Francisco Javier GÓMEZ ABELLEIRA (Coordinadores), *Ley reguladora de la jurisdicción social comentada con jurisprudencia,* cit., pág. 880.

26. Véase Jesús MARTÍNEZ GIRÓN y Alberto ARUFE VARELA, *Derecho crítico del Trabajo. Critical labor law,* 4ª ed., Atelier (Barcelona, 2016), pág. 266.

27. *Ibidem.*

por el Real Decreto-ley 28/2020, de trabajo a distancia), en el que se inserta la emisión urgente de informe por parte de la Inspección de Trabajo y Seguridad Social, a que al principio hacía referencia. Evidentemente, existe aquí de nuevo una laguna relativa al plazo máximo de que dispone la Inspección de Trabajo y Seguridad Social para emitir su informe, que no tiene carácter preceptivo («podrá recabar», recuérdese), debiendo solucionarse esta laguna con aplicación de los criterios hermenéuticos utilizados para colmar otra laguna similar, pero existente en el artículo 138 de la Ley 36/2011, Reguladora de la Jurisdicción Social, a que también antes hice referencia.

7. Corresponde ahora efectuar una valoración de conjunto sobre la naturaleza jurídica a asignar a la intervención directa de la Inspección de Trabajo y Seguridad Social, en concepto de informante, expresamente prevista por la Ley 36/2011, Reguladora de la Jurisdicción Social, en los cinco concretos supuestos a que antes hice referencia. En mi opinión, dicha valoración de conjunto está totalmente condicionada por lo que al respecto dispone el artículo 23 (rotulado «Presunción de certeza de las comprobaciones inspectoras») de la Ley 23/2015, Ordenadora del Sistema de Inspección de Trabajo y Seguridad Social, allí donde afirma —sobre la base de que «los hechos constatados por los funcionarios de la Inspección de Trabajo y Seguridad Social que se formalicen en las actas de infracción y de liquidación, observando los requisitos legales pertinentes tendrán presunción de certeza, sin perjuicio de las pruebas que en defensa de los respectivos derechos o intereses pueden aportar los

interesados»[28]— que «el mismo valor probatorio se atribuye a los hechos reseñados en informes emitidos por la Inspección de Trabajo y Seguridad Social como consecuencia de comprobaciones efectuadas por la misma, sin perjuicio de su contradicción por los interesados en la forma que determinen las normas procedimentales aplicables»[29], y que dicha presunción de certeza «no se verá afectada la presunción de certeza a que se refieren los párrafos anteriores por la sustitución del funcionario o funcionarios durante el periodo de la actuación inspectora, si bien se deberá comunicar en tiempo y forma a los interesados dicha sustitución antes de la finalización de aquella, en los términos que se establezcan reglamentariamente»[30]. Consecuentemente, se trata de informes que tienen una eficacia probatoria muy superior a la que cabe asignar, en principio, a la de los informes y dictámenes periciales regulados, tanto en la Ley 1/2000, de Enjuiciamiento Civil, como en la Ley 36/2011, Reguladora de la Jurisdicción Social[31]. Esta naturaleza suya autónoma queda reforzada por un hecho adicional. Un hecho que separa todavía más los informes en cuestión emitidos por la Inspección de Trabajo y Seguridad Social de los meros informes o dictámenes emitidos por los peritos de otro tipo, dado que resulta inexigible la comparecencia de los Inspectores de Trabajo y Seguridad Social en procesos laborales, a efectos no sólo de que ratifiquen los informes que hubiesen evacuado, sino también a

---

28.   Párrafo primero.
29.   Párrafo segundo.
30.   Párrafo tercero.
31.   Sobre el tema, véase José Ángel FOLGUERA CRESPO, «Comentario al artículo 93 de la Ley reguladora de la Jurisdicción Social», en el volumen *La prueba en el proceso laboral*, Thomson Reuters-Aranzadi (Cizur Menor-Navarra, 2017), págs. 45 y ss.

efectos de que tengan que contestar preguntas u observaciones realizadas por las partes procesales, tanto principales como secundarias, en relación con el contenido de los mismos. Obviamente, esto no ocurre con el resto de informantes o peritos actuantes ante la jurisdicción laboral[32], cobrando así pleno sentido respecto de ellos la afirmación contenida en la Ley 36/2011, Reguladora de la Jurisdicción Social, relativa a que «la práctica de la prueba pericial se llevará a cabo en el acto del juicio, presentando los peritos su informe y ratificándolo»[33], a diferencia de lo que ocurre con los informes emitidos por la Inspección de Trabajo y Seguridad Social, implícitamente aludidos por la propia Ley 36/2011, allí donde indica que «no será necesaria ratificación de los informes, de las actuaciones obrantes en expedientes y demás documentación administrativa cuya aportación sea preceptiva según la modalidad procesal de que se trate»[34]. En cambio, en otras jurisdicciones distintas de la jurisdicción laboral, no se tiene semejante deferencia con los informes emitidos por la Inspección de Trabajo y Seguridad Social, cabiendo la cita a este respecto de reiterada doctrina judicial dictada por las Audiencias Provinciales en asuntos penales, en los que sí puede obligarse a los Inspectores de Trabajo y Seguridad Social, en cambio, a que comparezcan en dicho tipo de asuntos a requerimiento de los ór-

---

32. Sumamente interesante, por enfocar el tema de las pruebas desde la perspectiva de las nuevas tecnologías de la información y de la comunicación, véase María de los Reyes MARTÍNEZ BARROSO y Diego MEGINO FERNÁNDEZ, «Telemática y pruebas procesales: comentario a la Sentencia del Tribunal Superior de Justicia de Galicia de 3 de junio de 2020», *Revista de Trabajo y Seguridad Social. CEF*, núm. 452 (2020), págs. 212 y ss.

33. Artículo 93, apartado 1, inciso primero.

34. *Ibidem*, inciso segundo.

ganos jurisdiccionales penales[35]. Por lo demás, cabe advertir que la jurisprudencia penal tiende a relativizar el valor a asignar a los informes de la Inspección de Trabajo y Seguridad Social, a efectos de la revisión fáctica en dicha concreta jurisdicción. En este sentido, cabe la cita de una Sentencia de la Sala 2ª del Tribunal Supremo de 4 junio 2002[36], según la cual «los informes [de la Inspección de Trabajo y del Gabinete de Seguridad e Higiene] señalan varias infracciones administrativas en materia de prevención de riesgos laborales y tienen, sin duda, la importancia de sus conocimientos especializados y su cualificada competencia técnica pero no constituyen propiamente una verdadera prueba documental habilitante del cauce procesal establecido en el art. 849.2° y no acreditan en este caso, el "error facti" de la recurrida»[37].

---

35.   Al respecto, véase Manuel ÁLVAREZ FEIJOO, «Valor probatorio de las actas e informes de la Inspección de Trabajo en el proceso penal», *Actualidad Jurídica Uría Menéndez*, núm. 23 (2009), págs. 45 y ss., con cita de una Sentencia de la Audiencia Provincial de Murcia de 24 marzo 2008 (núm. 31/2008), así como de una Sentencia de la Audiencia Provincial de Granada de 31 octubre 2008 (núm. 633/2008), en las cuales consta probado que el Inspector de Trabajo y Seguridad Social, emisor en su día del informe, fue llamado al proceso penal de concepto de «testigo».

36.   *Aranzadi Instituciones,* referencia RJ 2002/6921.

37.   Cfr. Fundamento de Derecho 2°, apartado 3, párrafo segundo.

CAPÍTULO TERCERO

LA INTERVENCIÓN DIRECTA DE NATURALEZA DUAL, EN INCIDENTES SOBRE IMPUGNACIÓN DE ÓRDENES DE PARALIZACIÓN DE TRABAJOS POR RAZONES DE SEGURIDAD Y SALUD LABORAL, DE LA INSPECCIÓN DE TRABAJO Y SEGURIDAD SOCIAL

1. La Ley 36/2011, Reguladora de la Jurisdicción Social, contempla la autoridad laboral como eventual parte principal de algunos procesos que regula, bien en posición de parte actora (por antonomasia, en los llamados procesos de oficio, a los que nos referiremos en su momento)[1], bien en posición de parte demandada. En este último concepto, el precepto que interesa considerar ahora —por afectar a la intervención procesal directa de la Inspección de Trabajo y Seguridad Social, pero en una posición totalmente nueva, que nada tiene que ver con su intervención procesal directa como informante— es su artículo 152 (rotulado «Medidas cautelares»). Se encuadra

---

1.   Véase *infra*, Capítulo Sexto.

en un Capítulo del Libro Segundo de la Ley 36/2011, a su vez relativo a la impugnación de actos administrativos en materia laboral y de Seguridad Social no prestacionales, carente de precedentes en nuestras Leyes históricas de Procedimiento Laboral, incluida la séptima y última. Ello se debe a que la Ley 36/2011 culminó el proceso de eliminación de la dualidad jurisdiccional sobre asuntos de Derecho Administrativo laboral, tradicionalmente existente desde la promulgación de nuestra primera Ley de Procedimiento Laboral de 1958, y que —desde un punto de vista doctrinal— había hecho correr ríos de tinta[2]. Lo pone de relieve el preámbulo de la Ley, en el que —después de relatar los intentos fallidos de lograr la ansiada unificación jurisdiccional («En el año 1998 el legislador quiso abordar de forma global y racional la cuestión del reparto de competencias entre los órdenes jurisdiccionales social, contencioso-administrativo y civil, pero circunstancias posteriores evitaron el desarrollo previsto, con lo que las previsiones competenciales del orden social recogidas ... no fueron objeto de desarrollo»)[3]— se afirma enfáticamente que «ha llegado pues el momento de racionalizar la distribución competencial entre los órdenes jurisdiccionales en el ámbito de las relaciones laborales»[4]; además, que «con la nueva Ley reguladora de la jurisdicción social se afronta una modernización de la norma a partir de la concentración de la materia laboral, individual y colectiva, y de Seguridad Social en el orden social y de una mayor agilidad en la tramitación

---

2.   Por todos, clásico, véase Alfredo MONTOYA MELGAR, *Jurisdicción y Administración de Trabajo. Extensión y límites de sus respectivas competencias,* Tecnos (Madrid, 1970), págs. 145 y ss.

3.   Apartado 3, párrafo segundo, inciso segundo.

4.   *Ibidem,* párrafo cuarto, inciso primero.

procesal»[5]; y por último, que «de esta manera, se pretenden superar los problemas de disparidad de los criterios jurisprudenciales, dilación en la resolución de los asuntos y, en consecuencia, fragmentación en la protección jurídica dispensada»[6].

2. Al referirse el artículo 152 de la Ley 36/2011 a la temática (como indica su rótulo) de las «medidas cautelares», no queda más remedio que efectuar una llamada de atención sobre la limitación de las fuentes de conocimiento con las que operaré, a efectos de calibrar el alcance de la intervención procesal directa de la Inspección de Trabajo y Seguridad Social, a que dicho precepto se refiere. En efecto, reflexionando sobre el desperdigado y asistemático tratamiento que la Ley 36/2011 efectúa de las medidas cautelares, la doctrina científica ha puesto de relieve la «imposibilidad de existencia de jurisprudencia laboral sobre medidas cautelares»[7], lo cual es consecuencia, a su vez, de la «imposibilidad de acceso de este tipo de asuntos [resueltos por los órganos jurisdiccionales laborales por medio de Autos] a los recursos de suplicación, casación ordinaria y casación para la unificación de doctrina»[8], aunque con el importante matiz —realizado por esa misma doctrina científica— de que, a falta de jurisprudencia, cabría contar con que «las referencias a la práctica judicial (o si se quiere, "*usus fori*") seguida por nuestros tribunales laborales —con ocasión de la adopción de medidas cautelares— son abundantes en la juris-

---

5.   *Ibidem*, inciso segundo.
6.   *Ibidem*, inciso tercero.
7.   Véase Jesús MARTÍNEZ GIRÓN, «La tutela cautelar en la jurisdicción social», *Nueva Revista Española de Derecho del Trabajo*, núm. 194 (2017), pág. 31.
8.   *Ibidem*.

prudencia laboral, constituyendo esta última una fuente de conocimiento de primer orden [aunque, también, de fuerza de convicción muy precaria] para desvelar la problemática jurídica de las medidas cautelares, así como las eventuales soluciones a la misma, precisamente en la jurisdicción social»[9]. Dadas estas limitaciones, se explica que proceda a efectuar en lo que sigue, y esencialmente, una interpretación sistemática del artículo 152 de la Ley 36/2011, Reguladora de la Jurisdicción Social, la cual tendrá en cuenta, de un lado, que dicho precepto se refiere a la «paralización de trabajos por riesgo grave e inminente para la seguridad y la salud»; y de otro lado, que el contexto normativo sustantivo del asunto en cuestión aparece contenido en los artículos 19 y 30 del Estatuto de los Trabajadores (donde no aparece expresamente mencionada la Inspección de Trabajo y Seguridad Social) y, sobre todo, a mis peculiares efectos, en el artículo 9 de la Ley 31/1995, de prevención de riesgos laborales (cuyo rótulo es precisamente «Inspección de Trabajo y Seguridad Social»).

3. En lo tocante a la intervención procesal directa de la Inspección de Trabajo y Seguridad Social, el tenor del artículo 152 resulta equívoco, pues lo que afirma en su apartado 2 es, de un lado, que «en procedimientos de impugnación de resoluciones de la autoridad laboral sobre paralización de trabajos por riesgo grave e inminente para la seguridad y la salud, el trabajador o trabajadores afectados, su representación unitaria o sindical y el empresario interesado podrán solicitar el alzamiento, mantenimiento o adopción de la medida»[10]; y de otro lado,

---

9.   *Ibidem*.
10.   Inciso primero.

que «a tal efecto se citará al empresario y a los trabajadores afectados o a sus representantes a una audiencia preliminar en el día y hora que se señale dentro de las cuarenta y ocho horas siguientes, debiendo el juez o tribunal requerir de la Inspección de Trabajo y Seguridad Social la aportación dentro del mismo plazo de las actuaciones que hubiera practicado al respecto y, en caso de considerarlo necesario, la presencia en la audiencia del funcionario que hubiera ordenado la paralización, así como de los técnicos que le hubieren asistido»[11]. A la vista de la letra de la Ley el equívoco se refiere a quién comparece en el incidente cautelar en concepto de parte principal del mismo, oscureciendo aún más este tema la supuesta aclaración efectuada por el propio precepto, allí donde procede a determinar a renglón seguido quiénes podrían actuar en dicho incidente en concepto de partes secundarias, indicando que «en el procedimiento podrán personarse las entidades gestoras, colaboradoras y servicios públicos de salud, en relación con las responsabilidades empresariales conforme al artículo 195 del Texto Refundido de la Ley General de Seguridad Social, aprobado por Real Decreto Legislativo 1/1994, de 20 de junio [entonces vigente; hoy, artículo 242 de la Ley General de la Seguridad Social de 2015], en caso de incumplimiento de la paralización de los trabajos acordada por la autoridad laboral y solicitar las medidas cautelares que procedan en orden al aseguramiento de las prestaciones que deban dispensar o anticipar las citadas entidades»[12], y que «los

---

11.   Inciso segundo.

12.   Inciso tercero. Sobre dicho precepto de la Ley General de la Seguridad Social, véase Ignacio GARCÍA-PERROTE ESCARTÍN y Jesús R. MERCADER UGUINA (Directores), *Comentarios a la Ley General de la Seguridad Social,* 2ª ed., Lex Nova (Valladolid, 2016), págs. 824 y ss.

trabajadores y su representación unitaria o sindical podrán igualmente solicitar la adopción de las mismas medidas cautelares en relación con el referido aseguramiento»[13], donde —como acaba de verse— se vuelve a insistir en la paralización únicamente «acordada por la autoridad laboral», por lo que parece darse a entender que esta última —supuesto que se impugne su resolución administrativa— es la que figurará en posición de parte principal, justamente como parte demandada, en dicho incidente. En mi opinión, sin embargo, cabe sostener aquí la existencia de dos supuestos de hecho diferenciados. En uno de ellos, como veremos, cabría incluso que la intervención procesal de la Inspección de Trabajo y Seguridad Social en el incidente fuese en concepto de parte principal demandada[14].

4. El primer supuesto de hecho se refiere al acuerdo de paralización de trabajos adoptado por la autoridad laboral, a la que —como acaba de comprobarse— se refiere expresamente hasta en dos ocasiones el artículo 152 de la Ley 36/2011, Reguladora de la Jurisdicción Social. Supuesta la impugnación de dicha resolución administrativa (por ejemplo, por el empresario), este último figurará como demandante en el incidente, mientras que la autoridad laboral actuará como parte demandada[15]. Ahora bien, lo que a mí me interesa es únicamente precisar qué

---

13.   Inciso cuarto.

14.   Sobre el sustrato sustantivo de las partes implicadas en este incidente procesal, siempre clarificadora, véase María de los Reyes MARTÍNEZ BARROSO, *Sujetos responsables de los incumplimientos en materia preventiva*, Bomarzo (Albacete, 2016), págs. 17 y ss.

15.   Sobre las partes procesales en los incidentes más típicos, clásico, véase Manuel ALONSO OLEA, César MIÑAMBRES PUIG y Rosa Mª. ALONSO GARCÍA, *Derecho Procesal del Trabajo*, 11ª ed., Civitas (Madrid, 2001), págs. 398 y ss.

papel procesal hay que asignar en el incidente cautelar en cuestión a la Inspección de Trabajo y Seguridad Social. Ello exige interpretar la expresión contenida en el precepto, relativa a «debiendo el juez o tribunal requerir de la Inspección de Trabajo y Seguridad Social la aportación dentro del mismo plazo [de cuarenta y ocho horas siguientes] de las actuaciones que hubiera practicado al respecto y, en caso de considerarlo necesario, la presencia en la audiencia del funcionario que hubiera ordenado la paralización, así como de los técnicos que le hubieren asistido». En mi opinión, es claro que la palabra «funcionario» puede referirse perfectamente a la autoridad laboral, dando por supuesto que esta última fue quien ordenó la paralización, en cuyo caso la Inspección de Trabajo y Seguridad Social quedaría comprendida dentro de la expresión «técnicos que la hubieren asistido». En este caso, frente a la regla general de que la Inspección de Trabajo y Seguridad Social nunca comparece personalmente en los procesos que se tramitan ante los tribunales laborales (analizada en el Capítulo precedente, a propósito de la intervención de la Inspección como informante), el artículo 152 establecería una excepción a esa regla general, imponiendo la presencia de la Inspección, pero a título de colaborador o asistente de la parte principal demandada en el incidente, que es la autoridad laboral, supuesto siempre que esta última hubiese ordenado la paralización cautelarmente impugnada. Es cierto que los comentaristas del precepto silencian esta posibilidad, al sostener que de su letra se desprende que «el Juez solicitará a la Inspección de Trabajo la aportación en el mismo plazo de las actuaciones practicadas y si lo considera conveniente la presencia del funcionario de la Inspección de Trabajo que hubiera ordenado la paralización y/o de los técnicos que le hubieran asistido»[16]. Pero esta interpretación reduccionista pugna no sólo con la letra del precepto, sino también con el tenor literal del artículo 242 de la vigente Ley General de la Seguridad Social (precepto, como se vio, al que remite expresamente el artículo 152 de la Ley 36/2011), el cual admite con naturalidad que la actuación administrativa de paralización de trabajos, susceptible de ser cautelarmente impugnada, pueda ser perfectamente dictada por la autoridad laboral, dado que lo que afirma es que «el incumplimiento por parte de las empresas de las *órdenes de la Inspección de Trabajo y Seguridad Social* y de las *resoluciones de la autoridad laboral* en materia de paralización de trabajos que no cumplan las normas de seguridad y salud se equiparará, respecto de los accidentes de trabajo que en tal caso pudieran producirse, a la falta de formalización de la protección por dicha contingencia de los trabajadores afectados, con independencia de cualquier otra responsabilidad o sanción a que hubiera lugar»[17].

5. Como el precepto recién citado permite entrever, el segundo supuesto de hecho amparado por el tenor del artículo 152 de la Ley 36/2011, Reguladora de la Jurisdicción Social, se refiere a la intervención procesal en el incidente de la Inspección de Trabajo y Seguridad Social, en concepto de parte principal demandada en el incidente en cuestión, supuesto que hubiese sido ella (y no la

---

16. Véase Jesús R. MERCADER UGUINA (Director) y Ana DE LA PUEBLA PINILLA y Francisco Javier GÓMEZ ABELLEIRA (Coordinadores), *Ley reguladora de la jurisdicción social comentada con jurisprudencia*, La Ley (Madrid, 2015), pág. 1074.

17. Sobre el tema, véase Ignacio GARCÍA-PERROTE ESCARTÍN y Jesús R. MERCADER UGUINA (Directores), *Comentarios a la Ley General de la Seguridad Social,* 2ª ed., cit., págs. 824 y ss.

autoridad laboral) quien dictó la orden de paralización de trabajos. Se trata de un supuesto de hecho asimismo previsto por el artículo 9 de la Ley 31/1995, de prevención de riesgos laborales, allí donde afirma que compete a la Inspección de Trabajo y Seguridad Social «ordenar la paralización inmediata de trabajos cuando, a juicio del inspector, se advierta la existencia de riesgo grave e inminente para la seguridad o salud de los trabajadores»[18]. Evidentemente, esto implica de nuevo una excepción a la regla general de que la intervención procesal de la Inspección de Trabajo y Seguridad Social no se materializa acudiendo personalmente a las vistas y audiencias celebradas ante los órganos jurisdiccionales laborales. Pero es la lógica de la paralización de trabajos decretada a la vista de un peligro inminente y grave para la seguridad y salud de los trabajadores. También estos últimos pueden, por sí mismos o a través de sus representantes en la empresa o centro de trabajo, proceder a paralizar directamente la actividad de la empresa, incluso con carácter colectivo (es el llamado *ius resistentiae*, que nada tiene que ver con la huelga), con amparo en lo dispuesto en el artículo 19 (y también, en el artículo 30) del Estatuto de los Trabajadores, en cuyo caso —supuesto que el empresario afectado plantease un incidente cautelar para inten-

---

18. Apartado 1, letra f). Comentando este precepto, véase Manuel IGLESIAS CABERO (Coordinador), José Mª. BOTANA LÓPEZ, Iñigo SAGARDOY DE SIMÓN, Leodegario FERNÁNDEZ MARCOS y Juan José FERNÁNDEZ DOMÍNGUEZ, *Comentarios a la Ley de Prevención de Riesgos Laborales,* Civitas (Madrid, 1997), págs. 60 y ss.; José Luis MONEREO PÉREZ, Cristóbal MOLINA NAVARRETE y María Nieves MORENO VIDA (Directores), *Comentario a la Ley de Prevención de Riesgos Laborales y sus desarrollos reglamentarios,* Comares (Granada, 2004), págs. 93 y ss.; y Antonio V. SEMPERE NAVARRO (Director), *Comentarios a la Ley de Prevención de Riesgos Laborales,* Thomson Reuters-Aranzadi (Cizur Menor-Navarra, 2010), págs. 121 y ss.

tar conseguir que provisionalmente se levante la paralización de actividades— también tendrían que figurar los
trabajadores o sus representantes en la empresa como
parte principal en dicho incidente, y en posición asimismo de parte demandada[19].

---

19.   Sobre el tema, con estudio de los precedentes judiciales españoles en materia de *ius resistentiae*, véase Jesús MARTÍNEZ GIRÓN, «El cierre patronal en los manuales españoles de Derecho del Trabajo del siglo XX. A propósito de su tratamiento en la primera edición del "Derecho del Trabajo" del Profesor Diéguez», en Jaime CABEZA PEREIRO y Jesús MARTÍNEZ GIRÓN (Coordinadores), *El conflicto colectivo y la huelga. Estudios en homenaje al profesor Gonzalo Diéguez*, Laborum-Universidad de Vigo (Murcia, 2008), págs. 259-260. Acerca del artículo 30 del Estatuto de los Trabajadores, véase Javier FERNÁNDEZ-COSTALES MUÑIZ, *La imposibilidad de la prestación de servicios del trabajador por causas imputables al empresario*, Servicio de Publicaciones de la Universidad (León, 2003), págs. 202 y ss.

CAPÍTULO CUARTO

LA INTERVENCIÓN DIRECTA, EN CONCEPTO DE SOLICITANTE DE AUTORIZACIONES JUDICIALES, DE LA INSPECCIÓN DE TRABAJO Y SEGURIDAD SOCIAL

1. La Ley 36/2011, Reguladora de la Jurisdicción Social, a propósito de los actos preparatorios y las diligencias preliminares (consecuentemente, en su Libro Segundo), menciona expresamente otro supuesto de intervención procesal directa de la Inspección de Trabajo y Seguridad Social, en su artículo 76, allí donde este precepto afirma que «la Inspección de Trabajo y Seguridad Social y, en su caso, la Administración laboral, en el ejercicio de sus funciones, cuando el centro de trabajo sometido a inspección coincidiese con el domicilio de la persona afectada, podrá solicitar la correspondiente autorización judicial, si el titular se opusiere o existiese riesgo de tal oposición, en relación con los procedimientos administrativos de los que conozca o pueda conocer posteriormente la jurisdicción social, o para posibilitar cualquier otra medida de inspección o control que pudiera afectar a derechos fundamentales o libertades públicas»[1]. Esta necesidad de solicitar autorización judicial se explica aquí por causa de estar afectados derechos

---

1. Apartado 5.

fundamentales, bien del empresario, bien del trabajador, supuesto que ambos —como veremos— pueden tener el carácter de «persona afectada» a que dicho precepto procesal se refiere. Los derechos fundamentales en cuestión son, de un lado, el protegido por el artículo 18, apartado 2, de la Constitución, a cuyo tenor «el domicilio es inviolable»[2], teniendo en cuenta que «ninguna entrada o registro podrá hacerse en él sin consentimiento del titular o resolución judicial, salvo en caso de flagrante delito»[3]; y de otro lado, también el apartado 1 del propio precepto, según el cual «se garantiza el derecho al honor, a la intimidad personal y familiar y a la propia imagen»[4], pues —de acuerdo con la jurisprudencia constitucional— «el domicilio inviolable es un espacio en el cual el individuo vive sin estar sujeto necesariamente a los usos y convenciones sociales y ejerce su libertad más

---

2. Inciso primero.

3. Inciso segundo. Sobre el tema, véase Javier PARDO FALCÓN, «Los derechos del artículo 18 de la Constitución española en la jurisprudencia del Tribunal Constitucional», *Revista Española de Derecho Constitucional*, núm. 3 (1992), págs. 141 y ss.; Ángel Aday JIMÉNEZ ALEMÁN, «Capítulo II: Derechos y libertades. Artículo 18», en Luis María CAZORLA PRIETO y Alberto PALOMAR OLMEDA (Directores), *Comentarios a la Constitución española de 1978,* Thomson Reuters-Aranzadi (Cizur Menor-Navarra, 2018), págs. 456 y ss.; y Rafael ALCÁCER GUIRAO, «Artículo 18.2. El derecho a la inviolabilidad del domicilio», en Miguel RODRÍGUEZ-PIÑERO Y BRAVO FERRER y María Emilia CASAS BAAMONDE, *Comentarios a la Constitución Española,* tomo I, Boletín Oficial del Estado (Madrid, 2018), págs. 530 y ss.

4. Sobre el tema, desde la perspectiva jurídico laboral, véase José Luis GOÑI SEIN, *El respeto a la esfera privada del trabajador. Un estudio sobre los límites del poder de control empresarial,* Civitas (Madrid, 1988), págs. 7 y ss.; José Luis GOÑI SEIN, *La videovigilancia empresarial y la protección de datos personales,* Thomson-Civitas (Madrid, 2007), págs. 15 y ss.; y también, José Luis GOÑI SEIN, *La nueva regulación europea y española de protección de datos y su aplicación al ámbito de la empresa (incluido el Real Decreto-Ley 5/2018),* Bomarzo (Albacete, 2018), págs. 11 y ss.

íntima»[5], de manera que «a través de este derecho no sólo es objeto de protección el espacio físico en sí mismo considerado, sino lo que en él hay de emanación de la persona y de esfera privada de ella»[6], cabiendo consecuentemente concluir que «interpretada en este sentido, la regla de la inviolabilidad del domicilio es de contenido amplio e impone una extensa serie de garantías y de facultades, en las que se comprenden las de vedar toda clase de invasiones, incluidas las que puedan realizarse sin penetración directa por medio de aparatos mecánicos, electrónicos u otros análogos»[7]. El marco normativo general del tema lo establece el Código Penal, a propósito del delito de allanamiento de morada (literalmente, «el particular que, sin habitar en ella, entrare en morada ajena o se mantuviere en la misma contra la voluntad de su morador, será castigado con la pena de prisión de seis meses a dos años»[8], cabiendo que el delito sea cometido por «autoridad o funcionario público»[9]). Pero también lo fija el artículo 15 de la Ley Orgánica 4/2015, de protección de la seguridad ciudadana, según el cual «será causa legítima suficiente para la entrada en domicilio la

---

5.   Sentencia del Tribunal Constitucional núm. 22/1984 (*Boletín Oficial del Estado* de 9 marzo 1984), Fundamento Jurídico Quinto, párrafo primero.

6.   *Ibidem.*

7.   *Ibidem.*

8.   Artículo 202, apartado 1.

9.   Cfr. artículo 204. Sobre el tema, véase Ángel José SANZ MORÁN, *El allanamiento de morada, domicilio de personas jurídicas y establecimientos abiertos al público,* Tirant lo Blanch (Valencia, 2006), págs. 7 y ss.; Juan MOZAS PILLADO, «Allanamiento de morada versus usurpación de inmuebles: dos tipos delictivos semejantes en su redacción, pero muy diferentes en su contenido», Ciencia policial. *Revista del Instituto de Estudios de la Policía,* núm. 153 (2019), págs. 45 y ss.; y Virginia MAYORDOMO RODRIGO, «Desprotección del afectado en ocupaciones ilegales sin violencia ni intimidación: allanamiento de morada y usurpación de inmuebles», *Revista General de Derecho Penal,* núm. 34 (2020), págs. 1 y ss.

necesidad de evitar daños inminentes y graves a las personas y a las cosas, en supuestos de catástrofe, calamidad, ruina inminente u otros semejantes de extrema y urgente necesidad»[10].

2. El recién citado precepto de la Ley 36/2011 es una novedad absoluta en nuestra legislación procesal laboral, pues carecía de precedentes en nuestra Séptima Ley de Procedimiento Laboral de 1994. La novedad se explica por causa del fenomenal trasvase de competencias judiciales operado por la Ley 36/2011, desde el orden jurisdiccional contencioso-administrativo al orden jurisdiccional laboral, aunque el asunto venía predeterminado en la legislación general reguladora de la Inspección de Trabajo y Seguridad Social. En efecto, la Ley 42/1997, Ordenadora de la Inspección de Trabajo y Seguridad Social, afirmaba en su artículo 5 que «en el ejercicio de sus funciones, los inspectores de Trabajo y Seguridad Social tienen el carácter de autoridad pública y están autorizados para», entre otros supuestos, «entrar libremente en cualquier momento y sin previo aviso en todo centro de trabajo, establecimiento o lugar sujeto a inspección y a permanecer en el mismo»[11], teniendo en cuenta que «si el centro sometido a inspección coincidiese con el domi-

---

10.   Apartado 2. Sobre dicha Ley, véase Juan María BILBAO UBILLOS, «La llamada ley mordaza: la Ley Orgánica 4/2015, de protección de la seguridad ciudadana», *Teoría y realidad constitucional*, núm. 36 (2015), págs. 271 y ss.; Marta SÁNCHEZ RECIO, «La nueva Ley Orgánica de Seguridad Ciudadana», en Ana Isabel PÉREZ MACHÍO y Juana GOIZUETA VÉRTIZ (Directoras), *Tiempo de reformas. Perspectiva académica y realidad judicial*, Universidad del País Vasco (Bilbao, 2017), págs. 285 y ss.; Miguel CASINO RUBIO, «La moderna Ley Orgánica 4/2015, de Seguridad Ciudadana, y sus debilidades», en Manuel IZQUIERDO CARRASCO y Lucía ALARCÓN SOTOMAYOR (Directores), *Estudios sobre la Ley Orgánica de Seguridad Ciudadana*, Thomson Reuters-Aranzadi (Cizur Menor, 2019), págs. 399 y ss.

11.   Cfr. apartado 1, párrafo primero, inciso primero.

cilio de la persona física afectada, deberán obtener su expreso consentimiento o, en su defecto, la oportuna autorización judicial»[12]. Y en paralelo con estas previsiones, la Ley 29/1998, Reguladora de la Jurisdicción Contencioso-administrativa, acabó estableciendo la regla general de que «conocerán también los Juzgados de lo Contencioso-administrativo de las autorizaciones para la entrada en domicilios y restantes lugares cuyo acceso requiera el consentimiento de su titular»[13], con especificaciones relativas a las autoridades sanitarias (literalmente, «asimismo, corresponderá a los Juzgados de lo Contencioso-administrativo la autorización o ratificación judicial de las medidas adoptadas con arreglo a la legislación sanitaria que las autoridades sanitarias consideren urgentes y necesarias para la salud pública e impliquen limitación o restricción de derechos fundamentales cuando dichas medidas estén plasmadas en actos administrativos singulares que afecten únicamente a uno o varios particulares concretos e identificados de manera individualizada»)[14], a los reguladores de la libre competencia (literalmente, «además, los Juzgados de lo Contencioso-administrativo conocerán de las autorizaciones para la entrada e inspección de domicilios, locales, terrenos y medios de transporte que haya sido acordada por la Comisión Nacional de los Mercados y la Competencia, cuando, requiriendo dicho acceso e inspección el consentimiento de su titular, este se oponga a ello o exista riesgo de tal oposición»)[15] y a la Administración tributaria (literalmente, «los Juzgados de lo Contencioso-administrativo conocerán también

---

12. *Ibidem*, inciso segundo.
13. Cfr. artículo 8, apartado 6, párrafo primero.
14. *Ibidem*, párrafo segundo.
15. *Ibidem*, párrafo tercero.

de las autorizaciones para la entrada en domicilios y otros lugares constitucionalmente protegidos, que haya sido acordada por la Administración Tributaria en el marco de una actuación o procedimiento de aplicación de los tributos aún con carácter previo a su inicio formal cuando, requiriendo dicho acceso el consentimiento de su titular, este se oponga a ello o exista riesgo de tal oposición»)[16], pero sin mencionar expresamente la Inspección de Trabajo y Seguridad Social.

3. En la actualidad, el tema lo regula la vigente Ley 23/2015, Ordenadora del Sistema de Inspección de Trabajo y Seguridad Social, con un tenor idéntico al de su predecesora[17]. Y en paralelo con este precepto, se explica la inclusión del citado apartado del artículo 76 de la Ley 36/2011, Reguladora de la Jurisdicción Social. Los comentaristas del mismo señalan, respecto de la regulación contenida en el artículo 8 de la Ley 29/1998, que «una vez atribuida la competencia al orden social de la jurisdicción, difícilmente podía sostenerse que el reseñado precepto fuera de aplicación a estos supuestos»[18]. Y con una argumentación más premiosa, pero claramente indicativa de que la Inspección de Trabajo y Seguridad Social tiene que solicitar ahora la autorización de los órganos jurisdiccionales laborales, que «es competencia del orden social [artículo 2.f) inciso final LRJS] no solamente la tutela de derechos fundamentales en las relaciones laborales o administrativas de orden social, sino también

---

16.   *Ibidem*, párrafo cuarto.
17.   Cfr. su artículo 13, apartado 1, párrafo primero.
18.   Véase Jesús R. MERCADER UGUINA (Director) y Ana DE LA PUEBLA PINILLA y Francisco Javier GÓMEZ ABELLEIRA (Coordinadores), *Ley reguladora de la jurisdicción social comentada con jurisprudencia*, La Ley (Madrid, 2015), pág. 536.

conocer de las demás actuaciones previstas en la propia Ley de la Jurisdicción Social conforme al apartado 4 del artículo 117 de la Constitución Española en garantía de cualquier derecho, además de la cláusula residual general del artículo 2.t) LRJS sobre cualquier otra cuestión atribuida al orden social por esta misma Ley, y su conocimiento corresponde a los Juzgados de lo Social según el artículo 6 LRJS»[19]. Por mi parte, yo añadiría que la palabra «domicilio» utilizada por el artículo 76 de la Ley 36/2011, Reguladora de la Jurisdicción Social, hay que utilizarla en sentido propio, equivalente al de morada. Hay que tener en cuenta que la Ley 36/2011 utiliza en otras ocasiones la misma palabra (por ejemplo, «en el primer escrito o comparecencia ante el órgano judicial, las partes o interesados, y en su caso los y las profesionales designados, señalarán el domicilio físico, teléfono y dirección electrónica, en el caso de las personas obligadas a relacionarse electrónicamente con la Administración de Justicia, para la práctica de actos de comunicación»[20], teniendo en cuenta que «el domicilio y los datos de localización facilitados con tal fin surtirán plenos efectos y las notificaciones en ellos intentadas sin efecto serán válidas hasta tanto no sean facilitados otros datos alternativos, siendo carga procesal de las partes y de sus representantes mantenerlos actualizados»[21]; o también, «cuando una vez intentado el acto de comunicación y habiendo utilizado los medios oportunos para la investigación del domicilio, incluida en su caso la averi-

---

19.   Véase José Ángel FOLGUERA CRESPO, Fernando SALINAS MOLINA y María Luisa SEGOVIANO ASTABURUAGA (Directores), *Comentarios a la Ley Reguladora de la Jurisdicción Social,* 3ª ed., Thomson Reuters – Lex Nova (Valladolid, 2012), págs. 376-377.
20.   Artículo 53, apartado 2, párrafo primero.
21.   *Ibidem*, párrafo segundo, inciso primero.

guación a través de los Registros, organismos, Colegios profesionales, entidades y empresas, éstos hayan resultado infructuosos y no conste el domicilio del interesado o se ignore su paradero, se consignará por diligencia»[22]), resultando obvio que no es lo mismo el domicilio a efectos de notificaciones que el domicilio morada.

4. El tenor del artículo 76 de la Ley 36/2011, Reguladora de la Jurisdicción Social, allí donde afirma que la Inspección de Trabajo y Seguridad Social puede tener que requerir la obtención de autorización del Juzgado de lo Social competente, si «el centro de trabajo sometido a inspección coincidiese con el domicilio de la persona afectada», comprende el supuesto de hecho en el que dicho domicilio sea precisamente la morada del empresario. Es tradicionalmente, por ejemplo, el supuesto de hecho actualmente previsto en la Ley 31/1995, de prevención de riesgos laborales, allí donde actualmente establece que «en el ámbito de la relación laboral de carácter especial del servicio del hogar familiar, las personas trabajadoras tienen derecho a una protección eficaz en materia de seguridad y salud en el trabajo, especialmente en el ámbito de la prevención de la violencia contra las mujeres, teniendo en cuenta las características específicas del trabajo doméstico, en los términos y con las garantías que se prevean reglamentariamente a fin de asegurar su salud y seguridad»[23]. Nada dispone expresamente sobre el tema el reciente Real Decreto-ley 16/2022, para la mejora de las condiciones de trabajo y de Seguridad Social de las personas trabajadoras al servicio del

---

22. Artículo 59, apartado 1.
23. Disposición adicional decimoctava.

hogar familiar[24], aunque mencione expresamente el domicilio (literalmente, «el régimen de las pernoctas de la persona empleada de hogar en el domicilio familiar, en su caso»)[25] y la Inspección de Trabajo y Seguridad Social (literalmente, «corresponderá al Servicio Público de Empleo Estatal el control de los requisitos y condiciones establecidos para la aplicación de estas bonificaciones en las cuotas de la Seguridad Social y a la Inspección de Trabajo y Seguridad Social la vigilancia de su cumplimiento»)[26]. En consecuencia, hay que estar a lo dispuesto en el Real Decreto 1620/2011, por el que se regula la relación laboral de carácter especial del servicio del hogar familiar, en el que se establece la regla general de que «a los efectos de esta relación laboral especial, se considerará empleador al titular del hogar familiar[27], ya lo sea efectivamente o como simple titular del domicilio o lugar de residencia en el que se presten los servicios domésticos»[28]. Sobre esta base, ha quedado relativamente fosilizado el tenor de su artículo 12 (rotulado «Comprobación de infracciones»), según el cual «el control de

---

24.   Al respecto, véase Elena Desdentado Daroca, «El proceso de dignificación del trabajo doméstico diez años después de sus comienzos: la ratificación del Convenio 189 OIT y la reforma introducida por el Real Decreto-ley 16/2022», *Revista del Ministerio de Trabajo y Economía Social*, núm. 155 (2023), págs. 181 y ss.

25.   Cfr. su artículo quinto, apartado 2.

26.   Disposición adicional primera, apartado 3, párrafo segundo.

27.   Sobre el tema, véase Raquel Vela Díaz, *El nuevo régimen de las personas empleadas de hogar,* Laborum (Murcia, 2012), págs. 15 y ss.; Sara Ruano Albertos, *El régimen jurídico de los empleados de hogar,* Atelier (Barcelona, 2013), págs. 11 y ss.; y Carmen Salcedo Beltrán, «La relación laboral especial del hogar familiar: ámbito de aplicación, contratación y extinción», en María Jesús Espuny i Tomás, Guillermo García González y Margarita Bonet Esteva (Coordinadores), *Relaciones laborales y empleados del hogar. Reflexiones jurídicas,* Dykinson (Madrid, 2014), págs. 103 y ss.

28.   Artículo 1, apartado 3, inciso primero.

cumplimiento de la legislación laboral relativa a esta relación laboral se realizará por la Inspección de Trabajo y Seguridad Social, que la ejercerá con las facultades y límites contemplados en la Ley 42/1997, de 14 de noviembre [hoy Ley 23/2015], Ordenadora de la Inspección de Trabajo y Seguridad Social», resultando obvio que este tenor resultaría incompleto si no se interpreta a la luz del artículo 76 de la Ley 36/2011, Reguladora de la Jurisdicción Social, supuesto que el titular del hogar familiar no consienta el acceso al domicilio del Inspector de Trabajo y Seguridad Social, debiendo vencerse dicha resistencia mediante la solicitud por dicho Inspector de la oportuna autorización del órgano jurisdiccional laboral.

5. Por supuesto, también podría ocurrir que el domicilio a que se refiere el artículo 76 de la Ley 36/2011, Reguladora de la Jurisdicción Social, no sea el del empresario, sino el del propio trabajador. Sobre ello, el supuesto paradigmático es el que aparece actualmente regulado en la Ley 10/2021, de trabajo a distancia[29], en la que se afirma que este último es una «forma de organización del trabajo o de realización de la actividad laboral conforme a la cual esta se presta en el domicilio de la persona trabajadora o en el lugar elegido por esta, durante toda su jornada o parte de ella, con carácter regular»[30], teniendo en cuenta que se conoce con el nombre de «teletrabajo»

---

29. Sobre la misma, véase Ángel BLASCO PELLICER, «El tratamiento procesal del trabajo a distancia», en Mercedes LÓPEZ BALAGUER (Coordinadora), *El trabajo a distancia en el RDL 28/2020,* Tirant lo Blanch (Valencia, 2021), págs. 353 y ss.; y Fermín GALLEGO MOYA, «Configuración judicial del teletrabajo», en Icíar ALZAGA RUIZ, Carmen SÁNCHEZ TRIGUEROS y Francisco Javier HIERRO HIERRO (Coordinadores), *El trabajo a distancia. Una perspectiva global,* Thomson Reuters-Aranzadi (Cizur Menor-Navarra, 2021), págs. 795 y ss.

30. Cfr. artículo 2, letra a).

cuando el trabajo a distancia «se lleva a cabo mediante el uso exclusivo o prevalente de medios y sistemas informáticos, telemáticos y de telecomunicación»[31]. Se trata de una norma que contiene una regulación de la inviolabilidad del domicilio del trabajador a calificar de incompleta, pues se centra sólo en aspectos prevencionistas (literalmente, «la evaluación de riesgos únicamente debe alcanzar a la zona habilitada para la prestación de servicios, no extendiéndose al resto de zonas de la vivienda o del lugar elegido para el desarrollo del trabajo a distancia»[32]; «cuando la obtención de dicha información exigiera la visita por parte de quien tuviera competencias en materia preventiva al lugar ... se desarrolla el trabajo a distancia, deberá emitirse informe escrito que justifique dicho extremo que se entregará a la persona trabajadora y a las delegadas y delegados de prevención»[33]; «la referida visita requerirá, en cualquier caso, el permiso de la persona trabajadora, de tratarse de su domicilio o del de una tercera persona física»[34], teniendo en cuenta que «de no concederse dicho permiso, el desarrollo de la actividad preventiva por parte de la empresa podrá efectuarse en base a la determinación de los riesgos que se derive de la información recabada de la persona trabajadora según las instrucciones del servicio de prevención»[35]), olvidando las competencias al respecto de la Inspección de Trabajo y Seguridad Social. Evidentemente, también aquí cabría que la Inspección se viese obligada a solicitar autorización de los órganos jurisdiccionales laborales, al amparo

---

31. *Ibidem*, letra b).
32. Artículo 16, apartado 1, párrafo segundo.
33. *Ibidem*, apartado 2, párrafo segundo.
34. *Ibidem*, párrafo tercero.
35. *Ibidem*, párrafo cuarto.

del artículo 76 de la Ley 36/2011, Reguladora de la Jurisdicción Social, al efecto de poder cumplir sus actividades inspectoras. En mi opinión, lo prevé implícitamente la Ley 10/2021, allí donde se ve obligada a precisar que «en el trabajo a distancia, se considerará como domicilio de referencia a efectos de considerar la Autoridad Laboral competente y los servicios y programas públicos de fomento del empleo aplicables, aquel que figure como tal en el contrato de trabajo y, en su defecto, el domicilio de la empresa o del centro o lugar físico de trabajo»[36].

---

36.   Disposición adicional tercera.

CAPÍTULO QUINTO

LA INTERVENCIÓN DIRECTA, EN CONCEPTO DE RECEPTOR DE COMUNICACIONES JUDICIALES O DE SOLICITANTE DE INFORMACIÓN PROCESAL, DE LA INSPECCIÓN DE TRABAJO Y SEGURIDAD SOCIAL

1. Resulta evidente que la Inspección de Trabajo y Seguridad Social puede llegar a tener interés en la tramitación de ciertos procesos laborales en los que, sin embargo, ni figura ni puede figurar como parte. Ahora bien, ese interés suyo —aun interpretado en sentido amplio— existe[1], lo que explica que la Ley 36/2011, Reguladora de la Jurisdicción Social, lo tenga en cuenta de algún modo, previendo nuevos supuestos de intervención procesal directa de la propia Inspección, a añadir a las otras tres modalidades de intervención directa previamente analizadas. Es el caso de la intervención que se materializa en la creación de una relación directa entre el órgano jurisdic-

---

1.   Sobre la conexión entre «interés» y legitimación procesal, véase Jesús MARTÍNEZ GIRÓN, «Litisconsorcio pasivo necesario y procesos de seguridad social», *Revista de Política Social*, núm. 129 (1981), págs. 219 y ss.; y Jesús MARTÍNEZ GIRÓN, «Litisconsortes pasivos necesarios en procesos de seguridad social», *Revista de Política Social,* núm. 130 (1981), págs. 243 y ss.

cional laboral, a título de emisor de una comunicación, y la Inspección de Trabajo y Seguridad Social, a título de receptor de la comunicación en cuestión, teniendo en cuenta que lo comunicado puede ser el contenido de la resolución poniendo fin a un proceso laboral en el que la Inspección de Trabajo y Seguridad Social no figuró como parte, ni principal ni secundaria. Es el caso claro del apartado 5 del artículo 147 de la Ley 36/2011, en el que se afirma que «cuando la sentencia adquiera firmeza se comunicará a la Inspección de Trabajo y Seguridad Social». Se trata del último apartado de dicho precepto, el cual es, a su vez, el último precepto del Capítulo VI del Título II del Libro Segundo de la Ley 36/2011, donde aparecen alojados los procesos especiales de seguridad social (literalmente, «De las prestaciones de la Seguridad Social»). Aquí las prestaciones implicadas son las prestaciones de desempleo contributivo (el rótulo del artículo 147 es el de «Impugnación de prestaciones por desempleo»)[2], aunque no se trate de ninguna de las impugnaciones mencionadas en el artículo 303 (rotulado «Impugnación de actos») del texto refundido de la vigente Ley General de la Seguridad Social, aprobado por Real Decreto Legislativo 8/2015 (esto es, las que tengan por objeto «las decisiones de la entidad gestora competente, relativas al reconocimiento, denegación, suspensión o extinción de cualquiera de las prestaciones por

---

2. Sobre el tema, véase María Amparo ESTEVE SEGARRA, «La competencia de los órdenes jurisdiccionales en materia de la impugnación de las cuestiones relativas a la protección por desempleo», *Revista de Información Laboral,* núm. 8 (2016), págs. 57 y ss.; también, Brais Columba IGLESIAS OSORIO, «La caducidad del procedimiento de revocación y reintegro de la prestación por desempleo: la especificidad de su impugnación», *Revista de Trabajo y Seguridad Social. CEF,* núm. 454 (2021), págs. 57 y ss.

desempleo»[3], o «la exigencia de devolución de las prestaciones indebidamente percibidas y al reintegro de las prestaciones de cuyo pago sea directamente responsable el empresario, a que se refieren los artículos 268.5.b) y 295.1 de esta ley»[4], o «el abono de la prestación por desempleo en su modalidad de pago único, establecido en el artículo 296.3 de esta ley»[5], o por último, «la imposición de sanciones a los trabajadores conforme a lo establecido en el artículo 48.5 del texto refundido de la Ley sobre Infracciones y Sanciones en el Orden Social»[6]), sino otras distintas, en las que el demandante no es el beneficiario, ni tampoco el empresario (en las impugnaciones reguladas en dicho artículo 303, como es lógico, «será requisito necesario para formular demanda que los interesados interpongan reclamación previa ante la entidad gestora, en los términos establecidos en el artículo 71 de la Ley reguladora de la jurisdicción social»)[7].

2. Según el artículo 147 de la Ley 36/2011, el objeto de este proceso especial es la declaración de que el empresario es responsable de las prestaciones precedentes a las últimas prestaciones por desempleo abonadas, así como su condena a devolverlas junto con las cotizaciones correspondientes, sobre la base de finalización de sucesivos contratos temporales con una misma empresa que hubiesen generado tales prestaciones, y supuesto que dicha reiteración de contratos tuviese carácter abusivo o frau-

---

3. Cfr. apartado 1.
4. Cfr. apartado 2, letra a).
5. *Ibidem,* letra b).
6. *Ibidem,* letra c).
7. Cfr. apartado 3.

dulento[8]. De ahí el interés en el asunto de la Inspección de Trabajo y Seguridad Social, pues el texto refundido de la Ley de Infracciones y Sanciones en el Orden Social, aprobado por Real Decreto Legislativo 5/2000, sobre la base de que «son infracciones laborales las acciones u omisiones de los empresarios contrarias a las normas legales, reglamentarias y cláusulas normativas de los convenios colectivos en materia ... de trabajo temporal»[9], tipifica como infracción grave «la transgresión de la normativa sobre modalidades contractuales, contratos de duración determinada y temporales, mediante su utilización en fraude de ley o respecto a personas, finalidades, supuestos y límites temporales distintos de los previstos legal, reglamentariamente, o mediante convenio colectivo cuando dichos extremos puedan ser determinados por la negociación colectiva», teniendo en cuenta que «a estos efectos se considerará una infracción por cada una de las personas trabajadoras afectadas»[10], sancionable con multa de hasta 7.500 euros[11]. Se trata, sin embargo, de un supuesto de hecho que no sólo le ha pasado inadvertido a la Inspección de Trabajo y Seguridad Social, sino también de un supuesto de hecho del que no tiene conoci-

---

8.   Literalmente, «cuando la Entidad u Organismo Gestor de las prestaciones por desempleo constate que, en los cuatro años inmediatamente anteriores a una solicitud de prestaciones, el trabajador hubiera percibido prestaciones por finalización de varios contratos temporales con una misma empresa, podrá dirigirse de oficio a la autoridad judicial demandando que el empresario sea declarado responsable del abono de las mismas, salvo de la prestación correspondiente al último contrato temporal, si la reiterada contratación temporal fuera abusiva o fraudulenta, así como la condena al empresario a la devolución a la Entidad Gestora de aquellas prestaciones junto con las cotizaciones correspondientes» (apartado 1).

9.   Cfr. artículo 5, apartado 1.

10.   Artículo 7, apartado 2.

11.   Cfr. artículo 40, apartado 1, letra b).

miento como consecuencia de las actuaciones procesales practicadas, dado que el artículo 147 de la Ley 36/2011 asigna la legitimación activa y pasiva para intervenir en el proceso especial que regula a sujetos distintos de la misma.

3. En efecto, resulta indiscutible que la entidad gestora de las prestaciones de desempleo ostenta la condición de demandante, afirmando al respecto el artículo 147 que a su «comunicación, que tendrá la consideración de demanda, deberá acompañarse copia del expediente o expedientes administrativos en que se fundamente, y en la misma se consignarán los requisitos generales exigidos por la presente Ley para las demandas de los procesos ordinarios»[12], y que «la comunicación podrá dirigirse a la autoridad judicial en el plazo de los seis meses siguientes a la fecha en que se hubiera formulado la última solicitud de prestaciones en tiempo y forma»[13]. También resulta indiscutible la condición de demandado del empresario, aunque el artículo 147 afirma que «el empresario y el trabajador que hubieran celebrado los reiterados contratos temporales tendrán la consideración de parte en el proceso, si bien no podrán solicitar su suspensión»[14], y teniendo en cuenta que «aun sin su asistencia, el procedimiento se seguirá de oficio»[15]. Ahora bien, la condición como parte del trabajador resulta dudosa, pues el precepto también afirma que el resultado del proceso «no conllevará la revisión de las resoluciones que hubieran reconocido el derecho a las prestaciones por desempleo

---

12. Cfr. apartado 1, párrafo segundo.
13. *Ibidem*, párrafo tercero.
14. Apartado 3, letra a), inciso primero.
15. *Ibidem*, inciso segundo.

derivadas de la finalización de los reiterados contratos temporales, que se considerarán debidas al trabajador»[16]. De ahí que algún comentarista del mismo sostenga que «existen ciertas dudas doctrinales sobre el papel del trabajador en el proceso, pues la ley exige su llamamiento y le impide incluso desistir»[17], de lo que podría «deducirse que se le asigna la posición de demandante»[18], aunque «lo cierto es que nada impide que pudiera asumir un papel contrario al esperado por el ente gestor, defendiendo la legitimidad de la contratación temporal»[19]. Comparto la opinión de que «su interés en el proceso es muy limitado, dado el objeto del mismo»[20], lo que justamente no ocurre con la Inspección de Trabajo y Seguridad Social, cuyo interés en el resultado del proceso es, en cambio, evidente.

4. De ahí la previsión del apartado 5 del artículo 147, relativa a que «cuando la sentencia adquiera firmeza se comunicará a la Inspección de Trabajo y Seguridad Social». Según los comentaristas del precepto, la comunicación sólo tiene sentido «si la sentencia estima la demanda»[21], teniendo en cuenta que «esta estimación po-

---

16. Cfr. apartado 1, párrafo cuarto.

17. Véase José Ángel FOLGUERA CRESPO, Fernando SALINAS MOLINA y María Luisa SEGOVIANO ASTABURUAGA (Directores), *Comentarios a la Ley Reguladora de la Jurisdicción Social*, 3ª ed., Thomson Reuters – Lex Nova (Valladolid, 2012), pág. 642.

18. *Ibidem*.

19. *Ibidem*.

20. *Ibidem*.

21. Véase Jesús R. MERCADER UGUINA (Director) y Ana DE LA PUEBLA PINILLA y Francisco Javier GÓMEZ ABELLEIRA (Coordinadores), *Ley reguladora de la jurisdicción social comentada con jurisprudencia*, La Ley (Madrid, 2015), pág. 1006.

drá ser parcial o total»[22], y que la primera «podrá venir determinada por entender que el fraude sólo afectaba a un período concreto de percibo de prestaciones o por considerar que las cantidades debidas eran inferiores a las establecidas en la comunicación»[23]. Ahora bien, la comunicación se produce «cuando la sentencia adquiera firmeza», resultando obvio que el empresario condenado en la instancia siempre podría interponer recurso de suplicación, con amparo en lo dispuesto en el apartado 3 del artículo 191 de la Ley 36/2011, Reguladora de la Jurisdicción Social («en los procesos que versen sobre reconocimiento o denegación del derecho a obtener prestaciones de Seguridad Social»)[24]. Hay que tener en cuenta, sin embargo, por disposición del propio artículo 147, que «la sentencia que estime la demanda de la Entidad Gestora será inmediatamente ejecutiva»[25]. En mi opinión, de esta circunstancia podría derivarse el hecho de que la Inspección de Trabajo y Seguridad Social acabase teniendo conocimiento de que hubo «una reiterada contratación temporal» que fue «abusiva o fraudulenta», lo que permitiría activar las previsiones de control del cumplimiento de la contratación laboral temporal a que se refiere el texto refundido aprobado por Real Decreto 5/2000, a que antes hice referencia. Nada impediría a la Inspección de Trabajo y Seguridad Social interesarse en las actuaciones procesales practicadas, aunque todavía no haya sentencia

---

22. *Ibidem.*
23. *Ibidem.*
24. Letra c). Sobre el tema, véase Faustino Cavas Martínez, *El recurso de suplicación,* Comares (Granada, 2000), págs. 100 y ss.; y Antonio V. Sempere Navarro, «El recurso de suplicación: objeto y ámbito», *Revista del Ministerio de Empleo y Seguridad Social,* núm. 103 (2013), págs. 317 y ss.
25. Apartado 4.

condenatoria firme, al existir una norma legal que permite hacer efectivo el interesamiento en cuestión.

5. Se trata del artículo 16 de la Ley 23/2015, Ordenadora de la Inspección de Trabajo y Seguridad Social (precepto rotulado «Auxilio y colaboración con la Inspección de Trabajo y Seguridad Social»), allí donde afirma que «los Juzgados y Tribunales facilitarán a la Inspección de Trabajo y Seguridad Social, de oficio o a petición de la misma, los datos de trascendencia para la función inspectora que se desprendan de las actuaciones en que conozcan y que no resulten afectados por el secreto sumarial»[26]. Evidentemente, es un precepto de alcance muy general, que seguramente tendrá en mente las actuaciones procesales penales, pero que no distingue al hablar genéricamente de «Juzgados y Tribunales», por lo que también resultaría de aplicación a las actuaciones procesales laborales, sin necesidad de tener que esperar —como pretende el apartado 5 del artículo 147 de la Ley 36/2011, Reguladora de la Jurisdicción Social— a que la sentencia a comunicar a la Inspección de Trabajo y Seguridad Social adquiriese el carácter de sentencia firme[27]. Por supuesto, la Inspección tendría que justificar su interés en esa comunicación anticipada, que muy bien podría tener que ver con el reforzamiento de actuaciones inspectoras que ya se encuentran en marcha, eventualmente referidas —como es moneda corriente en la realidad social española actual— a la investigación de entramados societarios, incluso especialmente opacos (por ejemplo, si forman par-

---

26. Apartado 10.
27. Sobre la diferencia entre esta sentencia y la sentencia definitiva, véase Ricardo SANTANA RODRÍGUEZ, «Particularidades de la sentencia en el proceso laboral», *Judicatura*, núm. 71 (2021), págs. 65 y ss.

te de ellos sociedades de capital unipersonales y patrimoniales, carentes de aparente actividad empresarial)[28], en los que pudiese estar implicada, por ejemplo, la empresa demandada por la entidad gestora de las prestaciones por desempleo, al amparo del artículo 147 de la Ley 36/2011, Reguladora de la Jurisdicción Social. Aunque sin referirse a este tema de la comunicación anticipada, vienen a insinuarlo así los comentaristas de este último precepto. En efecto, según ellos, «respecto del empresario, aunque el precepto se refiere a la "misma" empresa no puede descartarse la apreciación de fenómenos de grupos de empresas utilizados para eludir responsabilidades, así como otras figuras de interposición empresarial»[29].

---

28. Al respecto, véase Jesús MARTÍNEZ GIRÓN, «La legitimación del socio único de la sociedad de capital unipersonal en los procesos laborales», *Revista Española de Derecho del Trabajo,* núm. 154 (2012), págs. 29 y ss.; y Jesús MARTÍNEZ GIRÓN, «La exclusión de las sociedades de capital patrimoniales del sistema de la Seguridad Social. Una evidencia corregible de capitalismo insolidario», *Revista de Derecho Social,* núm. 91(2020), págs. 95 y ss.

29. Véase José Ángel FOLGUERA CRESPO, Fernando SALINAS MOLINA y María Luisa SEGOVIANO ASTABURUAGA (Directores), *Comentarios a la Ley Reguladora de la Jurisdicción Social,* 3ª ed., Thomson Reuters – Lex Nova (Valladolid, 2012), pág. 642.

CAPÍTULO SEXTO

LA INTERVENCIÓN MEDIATA, EN CONCEPTO DE PROPONENTE-INSTANTE DE LA AUTORIDAD LABORAL DEMANDANTE DE OFICIO, DE LA INSPECCIÓN DE TRABAJO Y SEGURIDAD SOCIAL

1. Frente a los supuestos de intervención a que hice referencia en los Capítulos precedentes, caracterizados por el establecimiento de una relación jurídica directa entre el órgano jurisdiccional laboral y la Inspección de Trabajo y Seguridad Social —justificadora de que hablásemos de intervención directa de esta última en los procesos laborales—, la intervención procesal que pasamos a considerar ahora tiene carácter mediato, pues entre la Inspección y el órgano jurisdiccional laboral se interpone la autoridad laboral, que es quien intervendrá directamente en el pleito en posición procesal de demandante. Esta interposición de la autoridad laboral oculta el papel activo desarrollado en este tipo de pleitos por la Inspección de Trabajo y Seguridad Social, evocando de algún modo la relación existente entre la autoridad laboral y el letrado que sostenga sus pretensiones en el pleito, este último totalmente visibilizado en las actuaciones procesales desarrolladas ante el órgano jurisdiccional laboral. En términos de Derecho común, esta relación entre la auto-

ridad laboral y su letrado —a pesar de su innegable naturaleza jurídico-pública— encajaría holgadamente en el
molde de la tradicional relación jurídica existente entre
mandante y mandatario[1], cabiendo afirmar lo mismo de
la relación no procesalmente visibilizada —asimismo de
naturaleza jurídico-pública— existente entre la autoridad
laboral y la Inspección de Trabajo y Seguridad Social,
aunque con la diferencia de que la segunda asumiría aquí
el papel de mandante, mientras que la primera desempe-
ñará el papel de mandatario. Se trata de una intervención
procesal mediata de la Inspección de Trabajo y Seguridad
Social que está implícita en los preceptos de la Ley
36/2011, Reguladora de la Jurisdicción Social, que exami-
naré dentro de un momento. Se encuentra, sin embargo,
mucho más explicitada en el artículo 22 (rotulado «Medidas derivadas de la actividad inspectora») de la Ley
23/2015, Ordenadora del Sistema de Inspección de Trabajo y Seguridad Social, allí donde afirma que compete a
la Inspección de Trabajo y Seguridad Social, en concepto
de proponente-instante interno de demandas de oficio,
literalmente, «proponer a su superior jerárquico la formu-
lación de comunicaciones y demandas de oficio ante la
Jurisdicción Social en la forma prevista en la Ley 36/2011,
de 10 de octubre, reguladora de la Jurisdicción Social»[2],
resultando evidente —en mi opinión— que se trata de
una propuesta de carácter vinculante para la autoridad
laboral, aunque también es cierto —si no media la propuesta de la Inspección— que «la decisión de la autoridad laboral de iniciar ante el Juzgado de lo Social el pro-

---

1.   Acerca de este molde viejo, extrayendo consecuencias, véase Jesús
MARTÍNEZ GIRÓN, *La contratación laboral de servicios profesionales,* Universidad
(Santiago de Compostela, 1988), págs. 37 y ss.
2.   Apartado 14.

ceso no procede del ejercicio de una potestad reglada sino de una potestad discrecional de manera que queda a elección de la autoridad laboral que resolvió el acta ... la iniciación del proceso»[3].

2. En la Ley 36/2011, las disposiciones implícitamente relativas a dicha propuesta eran teórica y originariamente cuatro, todas contenidas en su artículo 148, relativo al «ámbito de aplicación» de las demandas de oficio, aunque —a mis concretos efectos— sólo interesa considerar dos de ellas. De un lado, porque —tras la promulgación de la Ley 3/2023, de Empleo— se suprimió una de las cuatro[4], que trataba «de las comunicaciones de la autoridad laboral cuando cualquier acta de infracción o de liquidación levantada por la Inspección de Trabajo y de Seguridad Social, relativa a las materias de Seguridad Social excluidas del conocimiento del orden social en la letra f) del artículo 3, haya sido impugnada por el sujeto responsable con base en alegaciones y pruebas que, a juicio de la autoridad laboral, puedan desvirtuar la naturaleza laboral de la relación jurídica objeto de la actuación inspectora»[5]; y de otro lado, porque de las tres restan-

---

3. Véase Jesús R. Mercader Uguina (Director) y Ana De La Puebla Pinilla y Francisco Javier Gómez Abelleira (Coordinadores), *Ley reguladora de la jurisdicción social comentada con jurisprudencia*, La Ley (Madrid, 2015), pág. 1018.

4. Cfr. su disposición final novena.

5. Letra d), párrafo primero. El párrafo segundo de la propia letra, asimismo derogado, continuaba afirmando lo siguiente: «A la demanda de oficio a la que se refiere el párrafo anterior, la autoridad laboral acompañará copia del expediente administrativo. La admisión de la demanda producirá la suspensión del expediente administrativo. A este proceso de oficio le serán aplicables las reglas de las letras a) y d) del apartado 2 del artículo 150. Cuando se entienda que las alegaciones o actuación del sujeto responsable pretenden la dilación de la actuación administrativa, el órgano judicial impondrá la multa que señalan los

tes, en una de ellas no existe propuesta-instancia de la Inspección de Trabajo y Seguridad Social para que la autoridad laboral proceda a activar la demanda de oficio, al referirse a que esta última sea consecuencia «de los acuerdos de la autoridad laboral competente, cuando ésta apreciara fraude, dolo, coacción o abuso de derecho en la conclusión de los acuerdos de suspensión, reducción de la jornada o extinción a que se refieren el artículo 47 y el apartado 5 del artículo 51 del Texto Refundido de la Ley del Estatuto de los Trabajadores y los remitiera a la autoridad judicial a efectos de su posible declaración de nulidad, dejando en suspenso el plazo para dictar resolución administrativa»[6], teniendo en cuenta que «del mismo modo actuará la autoridad laboral cuando, de oficio o a petición de la entidad gestora de la prestación por desempleo, estimase que el acuerdo pudiera tener por objeto la obtención indebida de las prestaciones por parte de los trabajadores afectados por inexistencia de la causa motivadora de la situación legal de desempleo»[7].

---

apartados 4 del artículo 75 y 3 del artículo 97, así como cuando tal conducta la efectuara el empresario, deberá abonar también los honorarios de los abogados y graduados sociales de la parte contraria que hubieren intervenido, dentro de los límites establecidos para la instancia, suplicación y casación. La sentencia firme se comunicará a la autoridad laboral y vinculará en los extremos en ella resueltos a la autoridad laboral y a los órganos de la jurisdicción contencioso-administrativa ante los que se impugne el acta de infracción o de liquidación».

6. Letra b), párrafo primero. Sobre los popularmente llamados ERTEs, véase Jesús R. MERCADER UGUINA y Ana DE LA PUEBLA PINILLA, «Cuestiones comunes a los ERTE por fuerza mayor y por causas ETOP», en Cristina ARAGÓN GÓMEZ (Coordinadora), *Impacto del COVID-19 en materia laboral y de Seguridad Social,* Francis Lefebvre (Madrid, 2020), págs. 81 y ss.; Jaime CABEZA PEREIRO, «ERTE y garantía de ocupación: incertidumbres y certezas», *Revista de Trabajo y Seguridad Social.* CEF, núm. 456 (2021), págs. 11 y ss.; e Iván A. RODRÍGUEZ CARDO, «Los ERTE como alternativa al despido», en Joaquín GARCÍA MURCIA (Editor), *Opiniones sobre la reforma laboral 2021-2022,* KRK (Oviedo, 2022), págs. 419 y ss.

7. Letra b), párrafo segundo.

De ahí que mi análisis tenga que ceñirse a las dos restantes, respectivamente relativas a que la demanda de oficio sea consecuencia «de las certificaciones de las resoluciones firmes que dicte la autoridad laboral derivadas de las actas de infracción de la Inspección de Trabajo y Seguridad Social en las que se aprecien perjuicios económicos para los trabajadores afectados»[8], así como a las derivadas «de las actas de infracción o comunicaciones de la Inspección de Trabajo y Seguridad Social acerca de la constatación de una discriminación por razón de sexo y en las que se recojan las bases de los perjuicios estimados para el trabajador, a los efectos de la determinación de la indemnización correspondiente»[9], teniendo en cuenta que «igualmente se iniciará el procedimiento como consecuencia de las correspondientes comunicaciones y a los mismos efectos en los supuestos de discriminación por razón de origen racial o étnico, religión y convicciones, discapacidad, edad u orientación sexual u otros legalmente previstos»[10].

3. Lógicamente, a mis concretos efectos, no interesa abordar el régimen jurídico a que se ajustan las demandas de oficio interpuestas por la autoridad laboral en esos dos supuestos, sino únicamente centrarme en la intervención mediata en ellos, en concepto de proponente-instante de la demanda, jugado por la Intervención de Trabajo y Seguridad Social. En relación con los supuestos de hecho relativos a actas de infracción con estimación de perjuicios económicos, una vez dictada resolución firme por la autoridad laboral, lo que cabe discutir es si la

---

8.   Letra a).
9.   Letra c), párrafo primero.
10.   *Ibidem*, párrafo segundo.

propuesta-instancia de demandar de oficio realizada por la Inspección de Trabajo y Seguridad Social se refiere sólo a la activación del proceso laboral de oficio, o por el contrario, si también se refiere a la constitución como parte demandante en él de la autoridad laboral (incluidas todas sus consecuencias procesales, como las relativas, por ejemplo, una vez dictada sentencia, a la interposición de eventuales recursos). Pues bien, a este respecto, existe *concordia auctorum* entre los comentaristas de la letra a) del artículo 148 de la Ley 36/2011, en el sentido de que sólo la primera de dichas dos opciones es la correcta, afirmándose por ellos que «la posición que asume la autoridad laboral en el proceso es la de mero impulsor del procedimiento sin participación posterior, pues no es parte en el mismo toda vez que ni representa ni asiste a los trabajadores que en cambio sí serán parte y esto, aun cuando los trabajadores no comparezcan en el proceso»[11], de manera que «por tanto, la autoridad laboral no tendrá facultades para desistir, una vez iniciado el proceso, ni podrá comparecer en juicio ni recurrir contra la sentencia si está en desacuerdo con ella»[12]; o también, que «el papel de la Administración es promover el proceso jurisdiccional formalizando la demanda de oficio que regula el artículo 149, y lo hace para facilitar la tutela de los intereses de los trabajadores afectados»[13], de manera que «esto es lo que determina que, tras esa iniciación, dicha

---

11.   Véase Jesús R. Mercader Uguina (Director) y Ana De La Puebla Pinilla y Francisco Javier Gómez Abelleira (Coordinadores), *Ley reguladora de la jurisdicción social comentada con jurisprudencia*, cit., pág. 1018.

12.   *Ibidem*.

13.   Véase José Ángel Folguera Crespo, Fernando Salinas Molina y María Luisa Segoviano Astaburuaga (Directores), *Comentarios a la Ley Reguladora de la Jurisdicción Social,* 3ª ed., Thomson Reuters – Lex Nova (Valladolid, 2012), pág. 644.

Administración pierda el protagonismo (por no ser parte interesada) y quienes únicamente han de ser emplazados para comparecer en el proceso iniciado sean los trabajadores titulares de los intereses afectados (que por eso sí son parte)»[14].

4. Respecto de los supuestos de hecho a que se refiere la letra c) del artículo 148 de la Ley 36/2011, Reguladora de la Jurisdicción Social, también cabe plantear la disyuntiva a que acabo de hacer referencia, existiendo de nuevo *concordia auctorum* acerca de que la primera de las opciones de la misma es la que prevalece. Consecuentemente, aquí igualmente la propuesta-instancia de la Inspección de Trabajo y Seguridad Social se refiere únicamente a que la autoridad laboral active el proceso laboral de oficio como parte actora, pero teniendo en cuenta que las verdaderas partes del proceso de oficio, con todas sus consecuencias procesales, son otras. En este sentido, se sostiene que «el proceso se iniciará mediante demanda que tendrá las características establecidas en los artículos 149 y 80 de la LJS en la que se deberá concretar los hechos discriminatorios constatados en el procedimiento sancionador, los trabajadores afectados y la condena que se pretende y, se presentará ante el Juzgado de lo Social del lugar de prestación de servicios o del domicilio del demandado a elección de la autoridad laboral»[15], aunque —a salvo lo que acaba de indicarse— «serán parte los trabajadores afectados y el causante de la lesión en virtud

---

14. *Ibidem.*
15. Véase Jesús R. Mercader Uguina (Director) y Ana De La Puebla Pinilla y Francisco Javier Gómez Abelleira (Coordinadores), *Ley reguladora de la jurisdicción social comentada con jurisprudencia,* cit., pág. 1024.

de los actos discriminatorios»[16]; o también, que «la diferencia de este apartado c) frente al anterior apartado a) es que, para dicha constatación, únicamente menciona a las actas o comunicaciones de la Inspección de Trabajo y Seguridad Social y no alude a la necesidad o existencia de una resolución administrativa firme», lo cual «parece sugerir que su finalidad es declarar si existe tal discriminación en términos objetivos, esto es, aunque no revista los caracteres de infracción ni genere consecuencias sancionatorias»[17], así como «concretar los perjuicios que sean inherentes a esa injustificada desigualdad objetivamente constatada y fijar la indemnización que para su debida reparación ha de ser reconocida a quien haya sufrido la discriminación»[18], por lo que —como conclusión— «salvando esa diferencia, hay que reiterar lo que antes se ha dicho sobre el alcance de la intervención de la Administración y sobre la finalidad y contenido de la sentencia»[19].

5. Para concluir, cabe indicar que la actual letra a) del artículo 148 de la Ley 36/2011, Reguladora de la Jurisdicción Laboral, es un precepto tradicional en nuestro ordenamiento procesal laboral, que ya figuraba en la primera Ley de Procedimiento Laboral de 1958[20], aunque con una redacción que conducía a resultados distintos en lo tocante a la intervención procesal de la Inspección de

---

16. *Ibidem*.
17. Véase José Ángel FOLGUERA CRESPO, Fernando SALINAS MOLINA y María Luisa SEGOVIANO ASTABURUAGA (Directores), *Comentarios a la Ley Reguladora de la Jurisdicción Social*, 3ª ed., Thomson Reuters – Lex Nova (Valladolid, 2012), pág. 645.
18. *Ibidem*.
19. *Ibidem*.
20. Cuyo texto refundido fue aprobado por Decreto de 4 julio 1958.

Trabajo. En efecto, dicha Ley afirmaba que «el procedimiento ante la Magistratura de Trabajo podrá iniciarse de oficio como consecuencia de las certificaciones de las actas de infracción de la Inspección de Trabajo, acuerdos de las Delegaciones de Trabajo y comunicaciones de la Inspección Técnica de Previsión Social en materia de accidentes de Trabajo y cualesquiera otras a las que la legislación vigente conceda la cualidad de demanda»[21], permitiendo este tenor no sólo que las certificaciones o comunicaciones inspectoras hiciesen innecesaria la redacción de la demanda de oficio, sino también la de que el demandante de oficio pudiese ser incluso el propio Inspector de Trabajo, habiéndose mantenido intocado dicho tenor (eso sí, con algún retoque derivado de la nueva estructuración de la Inspección de Trabajo) con la promulgación de nuestra Ley de Procedimiento Laboral de 1980[22]. La doctrina de la época interpretaba el precepto —como es lógico— en línea con su tenor (en la época, consecuentemente «las demandas se plantean a instancia de los Inspectores actuantes por los respectivos Jefes de la correspondiente Inspección Provincial o de la respectiva Unidad especializada»)[23], aunque introduciendo algún matiz interesante, que considero que no ha perdido ninguna virtualidad (por ejemplo, el de «desplazándose

---

21. Artículo 119.
22. Cuyo texto refundido fue aprobado por Real Decreto Legislativo 1568/1980, de 13 junio. En efecto, su artículo 133 continuaba afirmando que «el procedimiento ante la Magistratura de Trabajo podrá iniciarse de oficio como consecuencia de las certificaciones de las actas de infracción de la Inspección de Trabajo, acuerdos de las Delegaciones de Trabajo y cualesquiera otras a las que la legislación vigente conceda la cualidad de demanda».
23. Véase Alfredo MONTOYA MELGAR, Jesús Mª GALIANA MORENO, Antonio V. SEMPERE NAVARRO, Bartolomé RÍOS SALMERÓN, Faustino CAVAS MARTÍNEZ, José LUJÁN ALCARAZ y Alberto CÁMARA BOTÍA, *Comentarios a la Ley de Procedimiento Laboral,* Aranzadi (Elcano-Navarra, 2000), pág. 446.

por el hecho de la intervención de los órganos administrativos, la carga de la prueba al demandado»)[24]. Ahora bien, la posibilidad de que la Inspección de Trabajo y Seguridad Social pudiese actuar como demandante de oficio en estos supuestos acabó eliminándose luego, con la promulgación de la Ley de Procedimiento Laboral de 1990[25], y así lo puso de relieve también la doctrina científica coetánea. En efecto, según ella, «la LPL de 1990 eliminó la facultad que en legislaciones anteriores se reconocía al Inspector de Trabajo de iniciar el proceso de oficio, circunscribiendo la legitimación activa a la Autoridad Laboral»[26], y concluyendo que «la restricción se mantiene en la vigente LPL»[27], como también sigue sucediendo —según se expuso antes— tras la promulgación de la Ley 36/2011, Reguladora de la Jurisdicción Social.

---

24. Véase Manuel IGLESIAS CABERO, «Procedimiento de oficio», Efrén BO-RRAJO DACRUZ (Director), *Comentarios a las leyes laborales. La nueva Ley de Procedimiento Laboral* (Real Decreto Legislativo 521/1990, de 27 de abril), tomo XIII-volumen 2, EDERSA (Madrid, 1990), pág. 1039.

25. Cuyo texto articulado fue aprobado por Real Decreto Legislativo 521/1990, de 27 abril.

26. Véase José Luis MONEREO PÉREZ (Dirección) y Carolina SERRANO FAL-CÓN y Luis Ángel TRIGUERO MARTÍNEZ (Coordinación), *El nuevo proceso laboral. Estudio técnico-jurídico de la Ley de Procedimiento Laboral*, Comares (Granada, 2011), pág. 658.

27. *Ibidem*.

CAPÍTULO SÉPTIMO

LA INTERVENCIÓN MEDIATA A TRAVÉS DE LA AUTORIDAD LABORAL DEMANDADA, EN CONCEPTO ACTUARIAL, DE LA INSPECCIÓN DE TRABAJO Y SEGURIDAD SOCIAL

1. Desde siempre, la función más importante de la Inspección de Trabajo y Seguridad Social, especialmente desde el punto de vista de los obligados a cumplir la normativa laboral y de seguridad social imperativa, es su función redactora de actas puras de infracción, en cuanto que culminación de las actividades que desarrolla de policía laboral[1]. Esta función —a calificar de actuarial— no resultaba relevante desde el punto de vista procesal laboral, pues la impugnación de las resoluciones administrativas imponiendo las sanciones administrativas correspondientes, sobre la base de lo constatado y declarado en dichas actas, era de competencia de los tribunales contencioso-administrativos. Pero esta situación, como ya

---

1.   Véase, por todos, Jesús MARTÍNEZ GIRÓN y Alberto ARUFE VARELA, *Derecho crítico del Trabajo. Critical Labor Law*, 4ª ed., Atelier (Barcelona, 2016), págs. 243 y ss.

se puso de relieve en Capítulos anteriores[2], cambió radicalmente al promulgarse la Ley 36/2011, Reguladora de la Jurisdicción Social, que operó el trasvase de la materia contenciosa citada desde los tribunales contencioso-administrativos a los tribunales laborales. De ahí la necesidad de crear un nuevo proceso laboral especial, sin precedentes en la serie histórica de nuestras siete Leyes de Procedimiento Laboral, que es el actualmente denominado «procedimiento de impugnación de actos administrativos en materia laboral y de Seguridad Social excluidos los prestacionales», regulado —en lo esencial— en el artículo 151 (rotulado «Tramitación») de la Ley 36/2011. Es un precepto muy denso, pues consta de diez apartados, reveladores de su carga genética contencioso-administrativa, pues en él se afirma —completando lo genéricamente indicado en la disposición final cuarta de la propia Ley 36/2011[3]— que «en lo no expresamente previsto serán de aplicación las normas reguladoras de la jurisdicción contencioso-administrativa, en cuanto sean compatibles con los principios del proceso social»[4], habiendo puesto de relieve los comentaristas del mismo que sus «concordancias» con lo dispuesto en la Ley 29/1998, reguladora de la Jurisdicción Contencioso-administrativa, son múltiples [por ejemplo, «artículos 19.1.a) y 2, 21.1.a), 44, 45, 49.3, 68, 69, 70 y 71 LJCA»][5]. Sólo contiene una referen-

---

2.   Véase, especialmente, Capítulo Segundo.

3.   A cuyo tenor «en lo no previsto en esta Ley regirá como supletoria la Ley de Enjuiciamiento Civil y, en los supuestos de impugnación de los actos administrativos cuya competencia corresponda al orden social, la Ley de la Jurisdicción Contencioso-Administrativa, con la necesaria adaptación a las particularidades del proceso social y en cuanto sean compatibles con sus principios».

4.   Apartado 1, inciso segundo.

5.   Véase José Ángel FOLGUERA CRESPO, Fernando SALINAS MOLINA y María Luisa SEGOVIANO ASTABURUAGA (Directores), *Comentarios a la Ley Reguladora de*

cia expresa a la Inspección de Trabajo y Seguridad Social, aunque bien importante. De ella procedo a tratar seguidamente.

2. Se trata de su apartado 8, allí donde afirma que «los hechos constatados por los inspectores de Trabajo y Seguridad Social o por los Subinspectores de Empleo y Seguridad Social actuantes que se formalicen en las actas de infracción observando los requisitos legales pertinentes, tendrán presunción de certeza, sin perjuicio de las pruebas que en defensa de los respectivos derechos e intereses puedan aportar los interesados»[6]. Es un precepto que contempla la Inspección de Trabajo y Seguridad Social desde un punto de vista meramente material u objetivo («las actas de infracción»), sin dejar ningún resquicio a su contemplación subjetiva, en cuanto que interviniente en el proceso laboral, reforzando esta impresión el hecho de que el propio precepto parifique dichas actas a documentos públicos distintos redactados por otros funcionarios públicos (a renglón seguido afirma que «el mismo valor probatorio tendrán los hechos constatados por los funcionarios a los que se reconoce la condición de autoridad, y que se formalicen en documento público observando los requisitos legales pertinentes»)[7], asimismo carentes de toda intervención, bien directa, bien mediata, en los procesos laborales. Y sin embargo, en mi opinión, resulta inesquivable abordar su tratamiento al hilo de la temática de la intervención de la Inspección de Trabajo y Seguridad Social en los procesos laborales.

---

la Jurisdicción Social, 3ª ed., Thomson Reuters – Lex Nova (Valladolid, 2012), pág. 651.

6. Párrafo segundo, inciso primero.
7. *Ibidem,* inciso segundo.

Fundamentalmente, por tres razones, cuyo argumentario desarrollaré en este mismo Capítulo. En primer lugar, frente a preceptos que sí prevén la intervención de la Inspección de Trabajo y Seguridad Social en los procesos laborales, porque se trata de un precepto de tenor multirepetido en nuestro ordenamiento laboral, lo que corrobora la centralidad e importancia del mismo. En segundo lugar, por su conexión íntima con otros preceptos de la Ley 36/2011 que sí prevén, en cambio, la intervención de la Inspección de Trabajo y Seguridad Social en procesos laborales, bien directa, bien mediata. En tercer lugar, a diferencia de estos otros preceptos procesales laborales con los que mantiene una conexión íntima, por tratarse de un precepto frecuentemente invocado ante los tribunales laborales, habiendo generado una inmensa masa de jurisprudencia laboral (lo mismo había sucedido antes de la promulgación de la Ley 36/2011, ante los tribunales contencioso-administrativos)[8], que no queda más remedio que tratar.

3. Como vienen poniendo de relieve sus comentaristas, la centralidad del precepto en nuestro ordenamiento procesal resulta incuestionable[9]. En efecto, aparece consignado en el artículo 23 (rotulado «Presunción de certe-

---

8.   Sobre esta última, útiles todavía, véase Juan Carlos RODRÍGUEZ HERGUERA, *El procedimiento sancionador por infracciones laborales. Jurisprudencia, legislación y formularios*, Aranzadi (Pamplona, 1988), págs. 29 y ss.; Francisco BENITA FERNÁNDEZ, *Infracciones y sanciones en el orden social*, Lex Nova (Valladolid, 1997), págs. 45 y ss.; y Damián BENEYTO CALABUIG, *Las infracciones laborales y el procedimiento sancionador*, CISS (Barcelona, 2000), págs. 23 y ss.

9.   Véase, por ejemplo, Jesús R. MERCADER UGUINA (Director) y Ana DE LA PUEBLA PINILLA y Francisco Javier GÓMEZ ABELLEIRA (Coordinadores), *Ley reguladora de la jurisdicción social comentada con jurisprudencia*, La Ley (Madrid, 2015), págs. 1058-1059.

za de las comprobaciones inspectoras»), a cuyo tenor «los hechos constatados por los funcionarios de la Inspección de Trabajo y Seguridad Social que se formalicen en las actas de infracción y de liquidación, observando los requisitos legales pertinentes, tendrán presunción de certeza, sin perjuicio de las pruebas que en defensa de los respectivos derechos o intereses pueden aportar los interesados»[10], y con el matiz de que «no se verá afectada la presunción de certeza ... por la sustitución del funcionario o funcionarios durante el periodo de la actuación inspectora, si bien se deberá comunicar en tiempo y forma a los interesados dicha sustitución antes de la finalización de aquella, en los términos que se establezcan reglamentariamente»[11]. También, en el artículo 65 del Reglamento de Organización y Funcionamiento de la Inspección de Trabajo y Seguridad Social, aprobado por Real Decreto 138/2000, allí donde afirma que «estos hechos gozarán de la presunción de certeza en los términos previstos en el artículo 9.3 de la Ley 31/1995, de 8 de noviembre, de Prevención de Riesgos Laborales»[12], disponiendo este último precepto, de un lado, que «cuando de las actuaciones de comprobación a que se refiere el apartado anterior, se deduzca la existencia de infracción, y siempre que haya mediado incumplimiento de previo requerimiento, el funcionario actuante remitirá informe a la Inspección de Trabajo y Seguridad Social, en el que se recogerán los hechos comprobados, a efectos de que se levante la correspondiente acta de infracción, si así procediera»[13]; y de otro lado (aunque con un clamoroso

---

10. Párrafo primero.
11. Cfr. párrafo tercero.
12. Apartado 2, letra d), inciso segundo.
13. Párrafo primero.

anacronismo), que «a estos efectos, los hechos relativos a las actuaciones de comprobación de las condiciones materiales o técnicas de seguridad y salud recogidos en tales informes gozarán de la presunción de certeza a que se refiere la disposición adicional cuarta, apartado 2, de la Ley 42/1997, de 14 de noviembre, Ordenadora de la Inspección de Trabajo y Seguridad Social»[14]. Y por último y como es lógico, igualmente en el texto refundido de la Ley de Infracciones y Sanciones en el Orden Social, aprobado por Real Decreto Legislativo 5/2000, según el cual «los hechos constatados por los referidos funcionarios de la Inspección de Trabajo y Seguridad Social que se formalicen en las actas de infracción observando los requisitos establecidos en el apartado anterior, tendrán presunción de certeza, sin perjuicio de las pruebas que en defensa de los respectivos derechos e intereses puedan aportar los interesados»[15].

4. Además, la conexión del precepto es íntima con otros de la Ley 36/2011, en los que resulta clara la intervención de la Inspección de Trabajo y Seguridad social en los procesos laborales, bien directa, bien mediata, lo que necesariamente obliga a tratarlo, aunque aquí no quede más remedio que reconocer que se trata de una intervención procesal muy diluida. En efecto, su conexión es clara con lo dispuesto en las letras a) y c) del artículo 148 de la Ley 36/2011 (donde, como se dijo en su momento, cabía hablar de intervención procesal me-

---

14. Párrafo segundo.
15. Artículo 53, apartado 2, párrafo primero. Comentándolo, véase Antonio V. SEMPERE NAVARRO, Jesús R. MERCADER UGUINA, César TOLOSA TRIBIÑO y RODRIGO MARTÍN JIMÉNEZ, *Comentarios a la Ley de Infracciones y Sanciones en el Orden Social,* Thomson-Aranzadi (Cizur Menor-Navarra, 2003), págs. 522 y ss.

diata de la Inspección de Trabajo y Seguridad Social, a través de la autoridad laboral)[16], pues en esos casos el objeto del proceso también versa, como aquí, sobre un acta de infracción, aunque no puedan ocultarse las diferencias de que, de un lado, se trataba allí de actas de infracción con estimación de perjuicios económicos; y de otro lado, que se trataba en esos otros casos de la autoridad laboral figurante como parte actora, mientras que aquí figura como parte demandada, lo que aparece remarcado en la Ley 36/2011, Reguladora de la Jurisdicción Social (por ejemplo, cuando afirma que «estarán legitimados para promover el proceso, los destinatarios del acto o resolución impugnada o quienes ostenten derechos o intereses legítimos en su revocación o anulación»[17], teniendo en cuenta que «la legitimación pasiva corresponde a la Administración o Entidad pública autora del acto»[18]). Ahora bien, la conexión resulta aún más íntima en todos aquellos supuestos en que la Ley 36/2011 prevé que el órgano jurisdiccional laboral requiera a la Inspección de Trabajo y Seguridad Social para que emita informe (esto es, en los casos de sus artículos 95, 137, 138, 138 bis y 142, también oportunamente examinados en su momento)[19], en los que resultaba evidente la intervención directa de la Inspección de Trabajo y Seguridad Social en los correspondientes procesos laborales, remarcando esta conexión íntima el hecho de que la Ley 23/2015, Ordenadora del Sistema de Inspección de Trabajo y Seguridad Social, parifique dichos informes y estas otras actas de infracción, precisamente desde el punto de

---

16. Véase *supra*, Capítulo Sexto.
17. Artículo 151, apartado 5, párrafo primero, inciso primero.
18. *Ibidem*, inciso segundo.
19. Véase *supra*, Capítulo Segundo.

vista de su presunción de certeza (literalmente, «el mismo valor probatorio se atribuye a los hechos reseñados en informes emitidos por la Inspección de Trabajo y Seguridad Social como consecuencia de comprobaciones efectuadas por la misma, sin perjuicio de su contradicción por los interesados en la forma que determinen las normas procedimentales aplicables»)[20].

5. Esto despejado, de entre la jurisprudencia laboral relativa al precepto en cuestión —en muchos casos, continuista respecto de la jurisprudencia contencioso-administrativa[21]— me ha parecido digna de ser reseñada una Sentencia de la Sala de lo Social del Tribunal Superior de Justicia de Madrid de 17 enero 2020[22]. Se refería a estimación de «demanda interpuesta por la Tesorería General de la Seguridad Social, declarando que los trabajadores codemandados estaban sujetos a una relación laboral con Roofoods Spain SL en el tiempo en que prestaron respectivamente sus servicios durante el periodo que abarca el acta de liquidación»[23], resultando que dichos trabajadores eran «*riders*»[24], constando probado que «además de la

---

20.   Artículo 23, párrafo segundo.

21.   Sobre esta última, útiles todavía, véase Juan Carlos RODRÍGUEZ HERGUERA, *El procedimiento sancionador por infracciones laborales. Jurisprudencia, legislación y formularios,* cit., págs. 29 y ss.; Francisco BENITA FERNÁNDEZ, *Infracciones y sanciones en el orden social,* Lex Nova (Valladolid, 1997), págs. 45 y ss.; y Damián BENEYTO CALABUIG, *Las infracciones laborales y el procedimiento sancionador,* cit., págs. 23 y ss. Desde un punto de vista histórico, la obra de referencia es la tesis doctoral de Fernando PÉREZ-ESPINOSA SÁNCHEZ, *Las infracciones laborales y la Inspección de Trabajo,* Montecorvo (Madrid, 1977), págs. 25 y ss.

22.   *Aranzadi Instituciones,* referencia AS 2020/534.

23.   Cfr. Fundamento de Derecho primero, párrafo primero.

24.   Sobre el tema, véase Iván VIZCAÍNO RAMOS, «Sobre el evidente error dogmático cometido por la Sentencia del Pleno de la Sala de lo Social del Tribunal Supremo, relativa a los "riders" de Glovo», *Revista General de Derecho del Trabajo y de la Seguridad Social,* núm. 57 (2020), págs. 1 y ss. Acerca de «riders»,

aplicación "Deliveroo" y de la aplicación "Staffomatic", existen en la sociedad demandada otros cauces de comunicación con los repartidores como son la dirección de correo electrónico … y comunicaciones a través de "TELEGRAM: telegram riders support", comunicaciones uno a uno con cada repartidor, y "telegram rider madrid", a todos como colectivo»[25]. Pero lo debatido en ella fue el valor que debía darse al acta levantada por la Inspección de Trabajo y Seguridad Social, acerca de lo cual —con abundante cita de jurisprudencia— aplicó la siguiente doctrina: 1) «el fundamento de dicha presunción de certeza se encuentra en la objetividad, imparcialidad y especialización reconocidas al Inspector actuante»[26], teniendo en cuenta que «esta presunción de certeza es "iuris tantum" (y no "iuris et de iure"), y se refiere a los hechos constatados por los funcionarios de la Inspección de Trabajo que se formalicen en las actas de infracción y de liquidación observando los requisitos legales pertinentes»[27]; 2) «el concepto de "percepción directa" no debe equipararse sin más a "percepción sensorial", toda vez que … "el informe de la Inspección de Trabajo y Seguridad Social goza de presunción de certeza no sólo en cuanto a los hechos que por su objetividad son susceptibles de percepción directa por el Inspector, o a los inmediatamente deducibles de aquéllos, sino también en cuanto a aquellos hechos que resulten acreditados por medios de prueba consignados en la propia acta, como pueden ser docu-

---

«drivers» y «crowdworkers», véase Jesús Martínez Girón, «La laboralización de los trabajadores al servicio de plataformas digitales por la jurisprudencia, en Alemania. Un estudio comparado con el Derecho español», *Revista Crítica de Relaciones de Trabajo,* núm. 1 (2021), págs. 181 y ss.

25.   Cfr. Antecedente de Hecho segundo, apartado 24.
26.   Cfr. Fundamento de Derecho segundo, apartado B).
27.   *Ibidem*, apartado C).

mentos y declaraciones incorporadas a la misma"»[28]; y 3) «en definitiva, la Inspección de Trabajo y Seguridad Social examinó y presenció directamente los elementos que podían percibirse de una manera sensorial, material e inmediata (como el funcionamiento de la aplicación telemática), y por otro lado recabó informaciones del personal presente en dependencias empresariales (como los responsables de los departamentos de Operaciones y de Atención al Cliente, así como la propia Directora General de la empresa); de modo que las consideraciones expuestas en el acta tienen en cuenta los elementos materiales, documentales y de manifestaciones del personal, todos ellos percibidos directa e inmediatamente por la Inspección actuante»[29], por lo que «no existe, pues, razón justificada para excluir dicha acta del conjunto de elementos probatorios tomados en consideración por el órgano judicial de instancia»[30].

6. De gran interés práctico, en mi opinión, es la doctrina contenida en una Sentencia de la Sala de lo Social del Tribunal Superior de Justicia de Cataluña de 23 abril 2018[31], relativa al valor probatorio de un acta de la Inspección de Trabajo y Seguridad Social levantada por cesión ilegal de trabajadores [literalmente, «por Acuerdo del Govern de la Generalitat de Cataluña de 18 de octubre de 2016 se impuso a la empresa Instalaciones de Tendidos Telefónicos SA (ITETE SA) una sanción de ciento ochenta y siete mil quinientos quince euros (187.515'00 €), con arreglo a lo dispuesto en el artículo 40 en relación con el

---

28.   *Ibidem*, apartado D).
29.   *Ibidem*, párrafo penúltimo.
30.   *Ibidem*, párrafo último, inciso primero.
31.   *Aranzadi Instituciones,* referencia AS 2018/1633.

artículo 8.2 del Texto Refundido de la Ley sobre Infracciones y Sanciones en el Orden Social, aprobado por Real Decreto Legislativo 5/2000, de 4 de agosto, por haber incurrido en una cesión ilegal de trabajadores, a la vista del acta levantada por la Inspección de Trabajo»)[32]. Esta Sentencia pone de relieve que resulta extraordinariamente difícil contradecir con otros medios de prueba, en el acto de la vista oral, las afirmaciones fácticas contenidas en el acta, pues debe tenerse en cuenta que el derecho de defensa del empresario ha de comenzar a ejercerse en la vía previa administrativa a la judicial laboral. En efecto, lo que afirma es que «cierto es que la presunción de certeza de que gozan las actas de la Inspección solo alcanza a los hechos pero no a las conclusiones y valoraciones jurídicas que en la misma se contengan, pero en el acta objeto de controversia se hacen constar unos hechos y se especifican una serie de pruebas que han servido de base para su fijación, sin que pueda hablarse de una indefensión que se haya podido ocasionar a la empresa, pues ha podido impugnarla, primero en vía administrativa y luego en la judicial y ha podido practicar en los presentes autos las pruebas que ha considerado pertinentes para desvirtuar los hechos consignados en la propia acta»[33].

7. Resulta de interés asimismo una reciente Sentencia de la Sala de lo Social del Tribunal Superior de Justicia de Galicia de 20 diciembre 2021[34]. Trata un tema controvertido, pero al mismo tiempo de innegable interés práctico, relativo a si las actas de la Inspección de Trabajo y Seguridad Social deben o no considerarse como elementos

---

32.   Cfr. Hecho Probado primero.
33.   Cfr. Fundamento de Derecho tercero, párrafo penúltimo.
34.   *Aranzadi Instituciones,* referencia AS 2022/489.

probatorios susceptibles de ser tenidos en cuenta para la revisión en suplicación de los hechos declarados probados en la instancia[35], al amparo de lo dispuesto en el artículo 193 de la Ley 36/2011, Reguladora de la Jurisdicción Social, allí donde permite «revisar los hechos declarados probados, a la vista de las pruebas documentales y periciales practicadas»[36]. Pues bien, esta Sentencia optó por no otorgarles dicha virtualidad revisoría, afirmando —de nuevo con abundante cita de jurisprudencia laboral— que «en este punto y en doctrina aplicable a las revisiones de hechos de los recursos de suplicación, debemos tener presente que los informes y actas de los Organismos administrativos —doctrina referida muy destacadamente a la Inspección de Trabajo— carecen de aptitud para modificar por sí mismos las conclusiones fácticas de Instancia —y mucho menos las jurídicas—, a pesar de que sus autores sean funcionarios públicos y tengan conocimientos especializados que atribuyen a sus intervenciones cualidad de imparciales e independientes, hasta el punto de que sus criterios sean considerados como una prueba testifical documentada y muy cualificada, pero sin que llegue a estar dotada de la fehaciencia que permita atribuirles cualidad revisoria de las conclusiones valorativas del Juzgador»[37], salvo —eso sí— que «las afirmaciones administrativas no contradigan las apreciaciones de hecho del Magistrado y se limiten a complementar extremos en términos de perfecta compatibilidad, estan-

---

35. Acopiando argumentos para la polémica, véase Manuel IGLESIAS CABERO, Mariano SAMPEDRO CORRAL, José María MARTÍN CORREA, Elías GONZÁLEZ-POSADA MARTÍNEZ y Juan José FERNÁNDEZ DOMÍNGUEZ, *El proceso laboral. Ley de Procedimiento Laboral comentada,* Ediciones Deusto (Barcelona, 2005), págs. 773 y ss.

36. Letra b).

37. Cfr. Fundamento de Derecho séptimo.

do referidas a puntos que debieran constar reflejadas en los hechos declarados probados»[38].

---

38.   *Ibidem*.

LA INTERVENCIÓN MEDIATA A TRAVÉS DE LA AUTORIDAD LABORAL, EN CONCEPTO DE RECEPTOR DE COMUNICACIONES JUDICIALES O DE COLABORADOR CON LAS AUTORIDADES JUDICIALES, DE LA INSPECCIÓN DE TRABAJO Y SEGURIDAD SOCIAL

1. La Ley 36/2011, Reguladora de la Jurisdicción Social, no agota el conjunto de supuestos en que cabe hablar de una intervención mediata de la Inspección de Trabajo y Seguridad Social en los procesos laborales. Su existencia no se desprende del carácter supletorio ni de la Ley 1/2000, de Enjuiciamiento Civil, ni tampoco de la Ley 29/1998, Reguladora de la Jurisdicción Contencioso-administrativa, expresamente proclamado por la Ley 36/2011 («en lo no previsto en esta Ley regirá como supletoria la Ley de Enjuiciamiento Civil y, en los supuestos de impugnación de los actos administrativos cuya competencia corresponda al orden social, la Ley de la Jurisdicción Contencioso-Administrativa, con la necesaria adaptación a las particularidades del proceso social y en

cuanto sean compatibles con sus principios»)[1], pues —
como ya se puso de relieve antes— se trata de Leyes (al
igual que sucede con la Ley de Enjuiciamiento Criminal)
que omiten mencionar la Inspección de Trabajo y Seguridad Social[2]. Se trata de supuestos mencionados en la
Ley 23/2015, Ordenadora del Sistema de Inspección de
Trabajo y Seguridad Social, pero teniendo en cuenta que
se trata de menciones genéricas (referidas, por ejemplo,
a cualesquiera Jueces y Tribunales), lo que no impide que
puedan quedar comprendidos en ellas los tribunales laborales. Por ello mismo, requieren de una tarea de interpretación, sobre todo sistemática, pareciéndome que los
elementos interpretativos a tener más en cuenta tienen
que ser los preceptos de la Ley 36/2011, allí donde men-
cionan posibles intervenciones procesales de la Inspección de Trabajo y Seguridad Social. No he encontrado
doctrina científica o jurisprudencia relevantes sobre ellos,
aunque creo que este trabajo quedaría incompleto si no
se aludiese a los mismos. Como enseguida comprobaremos, uno se refiere a la posible intervención mediata en
procesos laborales de la Inspección de Trabajo y Seguridad Social, a través de la autoridad laboral, en concepto
de receptora de comunicaciones cursadas a ella por los
tribunales laborales. El otro, por su parte, tiene en cuenta
que la Inspección de Trabajo y Seguridad Social tiene el

---

1. Disposición final cuarta. Al respecto, véase José Ángel FOLGUERA CRES-
PO, Fernando SALINAS MOLINA y María Luisa SEGOVIANO ASTABURUAGA (Directores), *Comentarios a la Ley Reguladora de la Jurisdicción Social,* 3ª ed., Thomson Reuters – Lex Nova (Valladolid, 2012), págs. 1218 y ss.; y Jesús R. MERCADER
UGUINA (Director) y Ana DE LA PUEBLA PINILLA y Francisco Javier GÓMEZ ABELLEI-
RA (Coordinadores), *Ley reguladora de la jurisdicción social comentada con jurisprudencia,* La Ley (Madrid, 2015), págs. 1924 y ss.

2. Véase *supra,* Capítulo Primero.

deber de colaborar con la autoridad laboral, supuesto que esta última pueda ser parte en procesos laborales.

2. El primero de dichos supuestos aparece regulado en el artículo 16 (rotulado «Auxilio y colaboración con la Inspección de Trabajo y Seguridad Social») de la Ley 23/2015, a cuyo tenor «los Juzgados y Tribunales facilitarán a la Inspección de Trabajo y Seguridad Social, de oficio o a petición de la misma, los datos de trascendencia para la función inspectora que se desprendan de las actuaciones en que conozcan y que no resulten afectados por el secreto sumarial»[3]. Este precepto suscita, al menos, tres reflexiones. En primer lugar, la relativa a su referencia genérica «Juzgados y Tribunales», que no puede dudarse que también engloba con toda holgura los órganos jurisdiccionales laborales. En segundo lugar, la relativa a que esos Juzgados y Tribunales tienen el deber de facilitar información a la Inspección de Trabajo y Seguridad Social («de oficio o a petición de la misma»), lo que necesariamente obliga a comunicarse con la Inspección, aplicando —en principio— el régimen de comunicaciones y notificaciones (lugar, tiempo, contenido, etc.) previsto en la Ley 36/2011, en sus artículos 53 a 62[4]. En tercer lugar, la relativa a que la Ley 36/2011 regula expresamente concretos supuestos de comunicaciones judiciales a la Inspección de Trabajo y Seguridad Social (por ejemplo, allí donde habla de que «cuando la sentencia

---

3.   Apartado 10.
4.   Al respecto, véase José Ángel FOLGUERA CRESPO, Fernando SALINAS MOLINA y María Luisa SEGOVIANO ASTABURUAGA (Directores), *Comentarios a la Ley Reguladora de la Jurisdicción Social*, 3ª ed., cit., págs. 297 y ss.; y Jesús R. MERCADER UGUINA (Director) y Ana DE LA PUEBLA PINILLA y Francisco Javier GÓMEZ ABELLEIRA (Coordinadores), *Ley reguladora de la jurisdicción social comentada con jurisprudencia,* cit., págs. 377 y ss.

adquiera firmeza se comunicará a la Inspección de Trabajo y Seguridad Social», a propósito del proceso especial de impugnación de prestaciones por desempleo[5]; o también, allí donde indica que «con antelación de al menos cinco días a la celebración del juicio, el secretario judicial deberá reiterar la remisión de dicho informe [a la Inspección de Trabajo y Seguridad Social] si éste no hubiere tenido todavía entrada en los autos», a propósito de los procesos laborales especiales por accidente de trabajo y enfermedad profesional[6]), lo que fuerza a entender que las comunicaciones a que se refiere el artículo 16 de la Ley 23/2015 tendrán que referirse a comunicaciones distintas. Ahora bien, dado que las comunicaciones directas entre el órgano jurisdiccional laboral y la Inspección de Trabajo y Seguridad Social se encuentran tasadas en la Ley 36/2011, lo más razonable es concluir que estas otras comunicaciones genéricamente amparadas por el artículo 16 de la Ley 23/2015, tendrán que efectuarse por medio de la autoridad laboral, lo que provoca que en todos estos otros supuestos residuales la intervención procesal de la Inspección de Trabajo y Seguridad Social tenga carácter mediato. Es, además, la lógica reduccionista de la intervención procesal laboral de la Inspección de Trabajo y Seguridad Social que se impuso a partir de la promulgación de la Ley de Procedimiento Laboral de 1990, dado que —frente a lo que vino ocurriendo durante un largo período de más de treinta años— las actas de Infracción de Trabajo y Seguridad Social ya no pueden cursarse directamente por esta última con el valor de demanda ante los órganos jurisdiccionales laborales, sino que necesaria-

---

5. Véase *supra*, Capítulo Quinto.
6. Véase *supra*, Capítulo Primero.

mente debe ello hacerse utilizando como intermediaria a la autoridad laboral[7].

3. El segundo precepto, de tenor todavía mucho más genérico, es el artículo 17 (rotulado «Colaboración de la Inspección de Trabajo y Seguridad Social»), allí donde afirma que «la Inspección de Trabajo y Seguridad Social prestará su colaboración y apoyo a las Administraciones Públicas y, en especial, a la autoridad laboral, entidades gestoras y servicios comunes de la Seguridad Social y a la Administración Tributaria, a las que facilitará las informaciones que requieran como necesarias para su función, siempre que se garantice el deber de confidencialidad, si procediese»[8]. Suscita asimismo tres tipos de reflexiones. En primer lugar, la relativa a que no menciona los Juzgados y Tribunales, a diferencia de lo que sucede en el otro precepto que antes considerábamos. En segundo lugar, la relativa a que dicha mención puede entenderse implícita en la referencia que el precepto efectúa al deber de prestar su colaboración la Inspección de Trabajo y Seguridad Social «en especial, a la autoridad laboral», pues recuérdese que esta última es parte principal en muy diversos tipos de procesos regulados por la Ley 36/2011, lo que puede exigir que la Inspección de Trabajo y Seguridad Social la ayude, en su concepto de parte, en dichos procesos laborales. En tercer lugar, la relativa a que este auxilio a la autoridad laboral implica de algún modo la intervención procesal de la Inspección de Trabajo y Seguridad Social, siempre con carácter mediato e, incluso, con un carácter mediato muy desvaído, como sucede en todos aquellos procesos laborales espe-

---

7.   Véase *supra*, Capítulo Sexto.
8.   Apartado 1.

ciales para la impugnación de sanciones administrativas por infracciones tipificadas en el texto refundido aprobado por el Real Decreto Legislativo 5/2000, en los cuales se razonó antes que la intervención procesal mediata de la Inspección de Trabajo y Seguridad Social (la directa de la autoridad laboral se produce en concepto de parte demandada) existe, aunque quede extraordinariamente diluida (lógicamente, en el marco de las relaciones internas existentes entre la autoridad laboral y la Inspección de Trabajo y Seguridad Social)[9], cabiendo hipotizar que pueden existir deberes de colaboración no expresamente previstos por la Ley 36/2011, Reguladora de la Jurisdicción Social (por cierto, de acuerdo con el propio precepto, lo afirmado sobre la autoridad laboral podría aplicarse sin mayor problema al resto de entidades públicas por él mencionadas, supuesto que también interviniesen en procesos laborales).

---

9. Véase *supra*, Capítulo Séptimo.

CAPÍTULO NOVENO

LA IMPOSIBILIDAD DE INTERVENCIÓN, EN CONCEPTO DE PARTE PRINCIPAL ACTORA, DE LA INSPECCIÓN DE TRABAJO Y SEGURIDAD SOCIAL

1. En España, los Inspectores de Trabajo y Seguridad Social son funcionarios públicos, cumpliéndose así lo que preceptúa el Convenio de la OIT núm. 81 de 1947, ratificado por España, según el cual «el personal de inspección deberá estar compuesto de funcionarios públicos cuya situación jurídica y cuyas condiciones de servicio les garanticen la estabilidad en su empleo y los independicen de los cambios de gobierno y de cualquier influencia exterior indebida»[1]. Sobre este extremo, necesariamente hay que insistir, puesto que hay países que igualmente han ratificado dicho Convenio de la OIT, pero en los que los Inspectores de Trabajo están vinculados a su Administración pública empleadora por un contrato de trabajo[2]. Esta condición suya explica que no puedan figurar en procesos laborales como demandantes, en de-

---

1.   Artículo 6.
2.   Es el caso de Italia. Véase Alberto ARUFE VARELA, *Estudio compara-do de la carrera administrativa de los funcionarios del sistema de Inspección de Trabajo y Seguridad Social en Europa, Ministerio de Trabajo y Asuntos Sociales* (Madrid, 2007), págs. 93 y ss.

fensa de los derechos e intereses derivados de su peculiar relación jurídico-pública de empleo. De un lado, porque la Ley 36/2011, Reguladora de la Jurisdicción Social, afirma que sólo conocerán los tribunales laborales —como regla— de los pleitos «entre empresarios y trabajadores como consecuencia del contrato de trabajo»[3], aclarando incluso —al efecto de despejar dudas, a propósito de lo que podrían considerarse como derechos e intereses «fronterizos»— que no conocerán «de la tutela de los derechos de libertad sindical y del derecho de huelga relativa a los funcionarios públicos»[4]. De otro lado, porque la Ley 29/1998, Reguladora de la Jurisdicción Contencioso-administrativa, afirma —a propósito del supuesto más probable de asignación de competencia a los órganos jurisdiccionales contencioso-administrativos, en relación con los Inspectores de Trabajo y Seguridad Social— que «las Salas de lo Contencioso-Administrativo de los Tribunal Superiores de Justicia conocerán en única instancia de los recursos que se deduzcan en relación con ... los actos y resoluciones dictados por órganos de la Administración General del Estado cuya competencia se extienda a todo el territorio nacional y cuyo nivel orgánico sea inferior al de Ministro o Secretario de Estado en materias de personal»[5]. Consecuentemente, los Inspectores de Trabajo y Seguridad Social sí podrán figurar como partes principales actoras (literalmente, «recurrentes», a pesar de tratarse de la instancia) en procesos contencioso-administrativos. Sobre el tema, existe una relativamente abundante jurisprudencia de los órganos jurisdiccionales contencioso-administrativos, registrando

---

3.   Cfr. artículo 2, letra a).
4.   Cfr. artículo 3, letra c).
5.   Cfr. artículo 11, apartado 1, letra i).

la defensa directa por los Inspectores de Trabajo y Seguridad Social (también, por sus asociaciones representativas) de los derechos e intereses derivados de su relación jurídica de empleo con la Administración General del Estado, como regla general (también, según tendremos ocasión de comprobar, con alguna Administración autonómica a la que se ha transferido parte de las funciones inspectoras), precisamente «en materias de personal».

2. De entre esta jurisprudencia contencioso-administrativa, me parece significativo el supuesto de hecho registrado por una Sentencia de la Sala de lo Contencioso-Administrativo del Tribunal Superior de Justicia de Extremadura de 31 enero 2023[6], entre otras razones, porque se trata de un supuesto de hecho litigado con relativa frecuencia ante los órganos jurisdiccionales contencioso-administrativos[7]. El caso se refería a una Inspectora de Trabajo y Seguridad Social (expresamente calificada como «funcionaria de nuevo ingreso»), que impugnaba una «Resolución del Ministerio de Trabajo y Economía Social de fecha 13 de agosto de 2022»[8], con

---

6.   *Aranzadi Instituciones,* referencia JUR 2023/72399.
7.   Véase, por ejemplo, Sentencia de la Sala de lo Contencioso-Administrativo del Tribunal Superior de Justicia de la Comunidad Valenciana 16 junio 2011 (Aranzadi Instituciones, referencia JUR 2011/290039); Sentencia de la Sala de lo Contencioso-Administrativo del Tribunal Superior de Justicia de Cataluña de 30 junio 2011 (*Aranzadi Instituciones*, referencia JUR 2011/325104); Sentencia de la Sala de lo Contencioso-Administrativo del Tribunal Superior de Justicia de Galicia de 20 julio 2011 (*Aranzadi Instituciones*, referencia JUR 2011/286376); así como Sentencias de la Sala de lo Contencioso-Administrativo del Tribunal Superior de Justicia de Extremadura de 29 mayo 2018 (*Aranzadi Instituciones,* referencia JUR 2018/209715), de 19 diciembre 2019 (Aranzadi Instituciones, referencia JUR 2020/46980) y de 4 junio 2020 (*Aranzadi Instituciones*, referencia JUR 2020/200783).
8.   Cfr. Fundamento de Derecho primero, párrafo primero.

fundamento en que «tomó posesión en las Inspecciones Provinciales de Trabajo y Seguridad Social de Albacete y Badajoz en un puesto de trabajo nivel 26, cuyas funciones, cometidos y responsabilidad son similares a los puestos de trabajo nivel 27 [por cierto, el mismo nivel que tiene un profesor titular de universidad] desempeñados por los demás Inspectores de Trabajo y Seguridad Social de ambas ciudades»[9]. Pues bien, esta Sentencia estimó sus pretensiones, con base en los siguientes argumentos: 1) «no se ha acreditado por la Administración que existan instrucciones, notas, órdenes de servicio o documentos similares procedentes de cualquier órgano del Departamento Ministerial que establezcan criterios de diferenciación de funciones y cometidos, atribución de zonas, horarios, dedicación, exigencia de responsabilidades, productividad, guardias o cualquier otro aspecto del desempeño del puesto de Inspector de Trabajo y Seguridad Social»[10]; 2) «la prueba documental obrante en autos ha acreditado que en este caso no existe una previa diversificación de estructuras o régimen jurídico entre la parte recurrente y otros Inspectores de Trabajo y Seguridad Social de la Inspección Provincial con los que se compara, pues hay que partir de la base de una completa asimilación de Cuerpo, Grupo de Clasificación, categoría, cometido general en el lugar de destino sin que se perciba ninguna diferencia en la que se pueda justificar una distinta asignación de niveles para los puestos de trabajo»[11]; y 3) «la conclusión de todo lo anterior es que la Administración ha otorgado distintos niveles a puestos de trabajo con iguales funciones y responsabilidades y

---

9.   *Ibidem*, párrafo segundo.
10.   Cfr. Fundamento de Derecho segundo, párrafo segundo.
11.   *Ibidem*, párrafo tercero.

con esta actividad ha infringido el artículo 23.2 de la Constitución Española, que incorpora el principio de igualdad reconocido con carácter general en el artículo 14 de la Constitución Española al ámbito de la función pública»[12]. Se imponían, así, tres consecuencias. En primer lugar, que «la apreciación de la vulneración del principio de igualdad impone la declaración de nulidad de pleno derecho de la Resolución objeto de este proceso»[13]. En segundo lugar, que «ha de ser también estimado el solicitado reconocimiento del derecho a que el tiempo de servicios prestados en los puestos de trabajo compute a efectos de consolidación del grado personal 27»[14]. En tercer lugar, que estas condenas debían tener «efecto retroactivo a la fecha en que la parte actora tomó posesión de su cargo»[15], con «derecho a percibir iguales retribuciones que las correspondientes a los puestos de trabajo de Inspector de Trabajo Seguridad Social con nivel 27, en concepto de complemento de destino, complemento específico y complemento de productividad en la forma en que las diferencias de niveles han afectado a estos complementos»[16].

3. Otro caso que también me parece interesante, pues tiene evidente efecto multiplicador, aparece registrado en un Auto de la Sala de lo Contencioso-Administrativo del Tribunal Supremo de 16 febrero 2023[17]. Según consta probado, el asunto se refería a una «funcionaria del Cuerpo de Subinspectores Laborales, Escala Empleo y Seguri-

---

12. Cfr. Fundamento de Derecho primero, párrafo primero.
13. Cfr. Fundamento de Derecho cuarto.
14. Cfr. Fundamento de Derecho quinto.
15. *Ibidem.*
16. *Ibidem.*
17. Aranzadi Instituciones, referencia JUR 2023/89373.

dad Social»[18], que impugnaba «ante la Sala de lo Contencioso Administrativo del Tribunal Superior de Justicia de Canarias, recurso 159/2020, la resolución, de fecha 11 de enero de 2020, del Subsecretario del Ministerio de Trabajo, Migraciones y Seguridad Social, desestimatoria del recurso de reposición interpuesto por la demandante —y otros— contra la resolución, de fecha 7 de mayo de 2019, de la propia Subsecretaría»[19], teniendo en cuenta que solicitaba «la atribución de un nivel 25, en lugar del actual nivel 23, al puesto que viene desempeñando en su condición de funcionaria de carrera del Cuerpo de Subinspectores Laborales, Escala Empleo y Seguridad Social»[20]. Pues bien, frente a la desestimación judicial de su recurso contencioso-administrativo, la Sala de lo Contencioso-Administrativo del Tribunal Supremo accedió a entrar a conocer del fondo del asunto, razonando que la cuestión «presenta interés casacional objetivo para la formación de jurisprudencia en virtud del artículo 88.2.c) LJCA, por trascender a otros supuestos en los que por ley se incrementan las funciones de un cuerpo de funcionarios sin que la administración revise el aumento de sus retribuciones»[21], con la finalidad de que por el Tribunal Supremo «se determine si el incremento de funciones que se atribuye a los Subinspectores por la Ley 23/2015, de 21 de julio, Ordenadora del Sistema de Inspección de Trabajo y Seguridad Social, impone que la Administración adecúe a ellas el nivel de los puestos de trabajo»[22]. Como se ve, hay un descontento muy grande en la Ins-

---

18. Cfr. Hecho primero, párrafo primero.
19. *Ibidem*.
20. *Ibidem*.
21. Cfr. Razonamiento jurídico segundo, párrafo primero.
22. *Ibidem*, párrafo segundo.

pección de Trabajo y Seguridad Social, a todos los niveles, valga la redundancia, que se ha exteriorizado a través del hecho insólito de haberse declarado en huelga (por vez primera, en los más de cien años de historia de la Inspección de Trabajo española), habiéndose iniciado el día 26 junio 2023. Para no ofender la verdad científica, quiero hacer constar en este trabajo que se trata de un hecho notorio, publicitado por la prensa general de todos los colores ideológicos existente en España, aunque —por paradójico que pueda resultar— no se ofrece ninguna información a este respecto en la página web de la Inspección de Trabajo y Seguridad Social.

4. Precisamente en el plano colectivo, la prueba de que hay descontento y malestar generalizados en la Inspección de Trabajo y Seguridad Social (que viene, además, de antiguo), la suministra el supuesto de hecho enjuiciado por una Sentencia de la Sala de lo Contencioso-Administrativo del Tribunal Superior de Justicia del País Vasco de 10 marzo 2015[23]. En ella, consta probado que «la Asociación de Inspectores de Trabajo y Seguridad Social del País Vasco, deduce impugnación jurisdiccional en relación con el Decreto 57/2012, de 24 de abril, de modificación del Decreto por el que se aprueban las Relaciones de Puestos de Trabajo de los Departamentos y Organismos Autónomos de la Administración de la Comunidad Autónoma (BOPV de 30 de abril de 2.012), y en concreto, frente a la creación del puesto "Subdirector/a de la Inspección de Trabajo del País Vasco" y la asignación a este puesto de los complementos de destino y específico»[24], afirmando dicha Asociación que

---

23.   *Aranzadi Instituciones,* referencia RJCA 2015/688.
24.   Cfr. Fundamento de Derecho primero, párrafo primero.

todo ello ocurrió «sin que a la asociación recurrente se le haya informado absolutamente de nada, como tampoco a ningún Inspector de Trabajo, ni siquiera al que ocupaba el puesto "Director Territorial", que es objeto de amortización para crear el impugnado»[25], lo que implicaba «poner un "tope" al nivel y al complemento de destino de los Inspectores de Trabajo y Seguridad Social transferidos»[26], pues «al otorgar un nivel 29 0-A al máximo órgano directivo de la Inspección de Trabajo en el País Vasco, de forma indirecta se está obligando a que los Jefes Territoriales no puedan acceder a más del nivel 28 1-A y a que los Inspectores de Trabajo y Seguridad Social no puedan acceder a más del nivel 27 II-A»[27]. Pues bien, esta Sentencia estimó las pretensiones de la Asociación de Inspectores de Trabajo recurrente, concluyendo que «puede establecerse sin ambages la repercusión en las condiciones de trabajo de los funcionarios públicos, de la modificación operada en la Relación de Puestos de Trabajo que examinamos»[28], por lo que «afectando la relación de puestos de trabajo recurrida a las condiciones de trabajo, la negociación colectiva a través del instrumento idóneo, cual es la Mesa de negociación —que se omitió y no es sustituible por la petición de informes a las Organizaciones sindicales, como pretende la Administración actora—, es procedente y obligatoria, y su ausencia equivale a la omisión de un esencial trámite procedimental»[29].

---

25. *Ibidem*, párrafo décimo.
26. *Ibidem*, párrafo decimoctavo.
27. *Ibidem*.
28. Cfr. Fundamento de Derecho tercero, párrafo sexto.
29. *Ibidem*, párrafo noveno.

5. Siempre en el plano colectivo, resultaría injusto dejar de mencionar que la intervención de la Inspección de Trabajo y Seguridad Social en procesos contencioso-administrativos, precisamente como parte principal recurrente (a través, como es lógico, de sus asociaciones representativas), ha contribuido a mejorar la eficacia de la actividad inspectora en toda España, cortando de raíz muchos *ultra vires* del poder ejecutivo[30]. Sobre esto, el caso clásico fue enjuiciado por una Sentencia de la Sala de lo Contencioso-Administrativo del Tribunal Supremo de 10 febrero 2003[31], en la que se afirma que por «la organización sindical Unión Progresista de Inspectores de Trabajo, se interpuso recurso contencioso-administrativo contra el Real Decreto 138/2000, de 4 de febrero, por el que se aprueba el Reglamento de Organización y Funcionamiento de la Inspección de Trabajo y Seguridad Social»[32], indicando que «la recurrente no cuestiona la totalidad de este reglamento, sino solamente algunas de sus disposiciones»[33], como la relativa a que «las actuaciones inspectoras en centros o dependencias de la Administración pública se preavisarán a quien se encuentre al frente del centro a inspeccionar»[34]. Sorprendentemente, la Abogacía del Estado —cuya especialización en asuntos laborales y de seguridad social es notoriamente inferior a la de la Inspección de Trabajo y Seguridad Social, tema éste del que tendremos que extraer consecuencias en el Epílogo de este trabajo— se oponía a dicha pretensión,

---

30.   Poniéndolo de relieve, véase Jesús Martínez Girón y Alberto Arufe Varela, *Derecho crítico del Trabajo. Critical labor law,* 4ª ed., Atelier (Barcelona, 2016), pág. 244.

31.   *Aranzadi Instituciones,* referencia RJ 2003/2262.

32.   Cfr. Antecedente de Hecho primero.

33.   Cfr. Fundamento de Derecho primero, párrafo segundo.

34.   Cfr. Fundamento de Derecho tercero, párrafo segundo.

alegando «la posición constitucional de las Administraciones Públicas, plenamente sometidas a la Ley y al Derecho»[35], también «los principios de cooperación y coordinación interadministrativas»[36], llegando incluso «a mencionar las reglas de la cortesía»[37]. En este concreto punto, la pretensión anulatoria de la parte recurrente fue estimada por la Sala de lo Contencioso-Administrativo del Tribunal Supremo. Al efecto, razonó con acribia —sobre la base de que «no hay duda de que las facultades de la Inspección abarcan los centros y establecimientos de las Administraciones públicas»[38], y de que «los argumentos esgrimidos por el Abogado del Estado no pueden ser acogidos»[39]— que «la obligación de preavisar puede, ciertamente, dificultar la tarea de vigilancia que corresponde a la Inspección de Trabajo y de la Seguridad Social, perjudicando la eficacia de su labor y, con ello, no sólo las previsiones legales que la buscan, como el artículo 15.3 de la Ley 42/1997 [hoy, artículo 25, apartado 1, de la Ley 23/2015, Ordenadora del Sistema de Inspección de Trabajo y Seguridad Social], sino también el principio constitucional que la exige»[40].

---

35.   *Ibidem*, párrafo noveno.
36.   *Ibidem*.
37.   *Ibidem*.
38.   *Ibidem*, párrafo duodécimo.
39.   *Ibidem*.
40.   *Ibidem*. Según dicho precepto legal, «la Administración General del Estado y las Administraciones de las Comunidades Autónomas, en el ámbito de sus respectivas competencias, garantizarán el ejercicio y la eficacia del servicio público de la Inspección de Trabajo y Seguridad Social», teniendo en cuenta que «para ello, dichas Administraciones organizarán la realización de las actuaciones inspectoras con sujeción a los principios establecidos en el artículo 2 y desarrollarán el principio de cooperación a través de los órganos e instrumentos previstos en esta ley y en los acuerdos o convenios suscritos entre las Administraciones competentes».

Sobre la híper-especialización de la inspección de trabajo y seguridad social, en cuanto que estímulo para ampliar sus posibilidades de intervención en los procesos laborales, incluidos los recursos

1. El caso a que acabo de referirme en el Capítulo inmediatamente precedente, en el que había —a propósito de la función inspectora— una confrontación argumental entre la Inspección de Trabajo y Seguridad Social y la Abogacía del Estado, acredita (aunque sea inductivamente) la híper-especialización de la primera en el área temática del Derecho del Trabajo y de la Seguridad Social, frente al generalismo jurídico de la segunda[1]. Dicha híper-especialización es seminal u originaria, acreditándolo no sólo la estructura de las oposiciones para acceder al cuerpo de funcionarios de la Inspección de Traba-

---

1.   Véase *supra*, Capítulo Noveno, núm. **5**.

jo y Seguridad Social (articulada alrededor de cuatro ejercicios), sino también el contenido de cada uno de los ejercicios en cuestión, cabiendo conocer estos datos a través de la última Resolución convocando oposiciones al Cuerpo, tal como figura publicada en el *Boletín Oficial del Estado*[2]. En efecto, el primer ejercicio consiste «en el desarrollo, por escrito, durante un plazo máximo de cuatro horas de dos temas del temario que figura en el anexo II. Programa del proceso selectivo general para el acceso por el sistema de acceso libre. Primer ejercicio»[3], debiendo significarse que una de las posibilidades de opción del mismo se refiere a «Prevención de Riesgos Laborales»[4], estructurándose esta última a lo largo de 41 temas[5]. Por su parte, el segundo ejercicio consiste «en la exposición oral, en el término de 50 minutos, de cuatro temas sacados a la suerte, de los grupos del temario que figuran en el anexo II. Programa del proceso selectivo general para el acceso por el sistema de acceso libre. Segundo ejercicio»[6], que comprende un primer bloque de Derecho del Trabajo (distribuido, a su vez, en 7 temas de «Derecho del Trabajo», 46 temas de «Relaciones laborales individuales y colectivas», y 7 temas de «Derecho

---

2. Véase, por ejemplo, Resolución de 27 diciembre 2022, de la Subsecretaría del Ministerio de Trabajo y Economía Social, por la que se convoca proceso selectivo para ingreso, por el sistema general de acceso libre y promoción interna, en el Cuerpo Superior de Inspectores de Trabajo y Seguridad Social (*Boletín Oficial del Estado* de 30 diciembre 2022).

3. En el Anexo I de la citada Resolución de 27 diciembre 2022, pág. 191441.

4. *Ibidem.*

5. En el Anexo II de la citada Resolución de 27 diciembre 2022, págs. 191460-191464.

6. En el Anexo I de la citada Resolución de 27 diciembre 2022, págs. 191441-191442.

Sindical»)[7] y un segundo bloque de Derecho de la Seguridad Social (estructurándose a lo largo de 47 temas)[8]. A su vez, el tercer ejercicio consiste «en el desarrollo por escrito durante un plazo máximo de cuatro horas, de dos temas sacados a la suerte, de los grupos del temario que figura en el anexo II. Programa del proceso selectivo general para el acceso por el sistema de acceso libre. Tercer ejercicio»[9], teniendo en cuenta que existe un primer grupo relativo a «Prevención de Riesgos Laborales» (conformado por otros 36 temas)[10], así como un segundo grupo relativo a «Inspección de Trabajo y Procedimiento» (compuesto por 26 temas adicionales)[11]. En fin, el cuarto ejercicio consta de «dos partes, siendo ambas eliminatorias»[12], teniendo en cuenta que la «primera parte consistirá en la emisión de un informe o resolución sobre un supuesto práctico y la segunda en una prueba de idiomas»[13], y además, que el informe o resolución consiste en el desarrollo de «diversas cuestiones o planteamientos basados en distintos supuestos de inspección, a los que el aspirante deberá dar cumplida respuesta y relacionados con las materias del programa correspondientes al anexo II. Programa del proceso selectivo general para el acceso por el sistema de acceso libre. Segundo y tercer ejercicios»[14]. Pues bien, para calibrar mejor esta

---

7. En el Anexo II de la citada Resolución de 27 diciembre 2022, págs. 191464-191468.

8. *Ibidem*, págs. 191468-191471.

9. En el Anexo I de la citada Resolución de 27 diciembre 2022, pág. 191442.

10. En el Anexo II de la citada Resolución de 27 diciembre 2022, págs. 191471-191474.

11. *Ibidem*, págs. 191474-191476.

12. En el Anexo I de la citada Resolución de 27 diciembre 2022, pág. 191442.

13. *Ibidem*.

14. *Ibidem*.

evidente híper-especialización, resulta preciso contextualizarla, a cuyo efecto procederé a comparar no los Inspectores de Trabajo y Seguridad Social y los Abogados del Estado, sino los primeros y otros funcionarios del Estado distintos a los que la Ley 36/2011, Reguladora de la Jurisdicción Social, otorga en los procesos laborales un protagonismo superior al que asigna a los Abogados del Estado.

2. Este otro término de comparación elegido es el Ministerio Fiscal, cuya especialización en Derecho del Trabajo y de la Seguridad Social tiene que aquilatarse, al igual que acabo de hacer con los Inspectores de Trabajo y Seguridad Social, examinando el Acuerdo de convocatoria de oposiciones para el ingreso en la Carrera Fiscal publicado en el *Boletín Oficial del Estado*[15], coetáneo de la convocatoria de oposiciones a Inspectores de Trabajo y Seguridad Social, a que antes hice referencia. Se trata de una oposición que consta de tres ejercicios, teniendo en cuenta que sólo en el tercer ejercicio cabe examinar al opositor de un grupo temático denominado «Derecho Administrativo y Laboral» (que coexiste con otros tres grupos temáticos) afirmándose en el citado Acuerdo de convocatoria que «la persona aspirante dispondrá de sesenta minutos para el desarrollo de los cinco temas, no pudiendo desarrollar ninguno de ellos en un tiempo superior a quince minutos, dando preferencia en cuanto al uso del

---

15. Véase Acuerdo de 28 octubre 2022, de la Comisión de Selección a la que se refiere el artículo 305 de la Ley Orgánica del Poder Judicial, por el que se convocan pruebas selectivas para la provisión de plazas de alumnos y alumnas de la Escuela Judicial, para su posterior acceso a la Carrera Judicial por la categoría de Juez, y plazas de alumnos y alumnas del Centro de Estudios Jurídicos, para su posterior ingreso en la Carrera Fiscal por la categoría de Abogado Fiscal (*Boletín Oficial del Estado* de 2 noviembre 2022).

tiempo a los temas de derecho procesal»[16], resultando ser la costumbre —al parecer— que se dediquen sólo diez minutos al grupo temático citado, cabiendo perfectamente la posibilidad —sobre la base de que se sortea un tema del mismo— de que llegues a superar la oposición habiéndote pronunciado oralmente sobre «Derecho Administrativo», pero no sobre «Derecho Laboral». Esto despejado, la falta de especialización de los Fiscales en Derecho del Trabajo y de la Seguridad Social resulta evidente, bastando indicar —para probarlo— cuáles son los 14 temas de «Derecho Laboral», a saber: «Tema 15. Derecho del Trabajo. Concepto y fines. Sistema de fuentes. La constitucionalización del Derecho del Trabajo. La aplicación de las normas laborales. Derecho social de la Unión Europea. El principio de igualdad y tutela en el ámbito laboral»; «Tema 16. Convenios colectivos. La fuerza vinculante de los convenios. Convenios estatutarios y extraestatutarios. Acuerdos de empresa. Aplicación de los convenios y el principio de globalidad. Vigencia temporal y denuncia. Concurrencia de convenios. Planes de Igualdad»; «Tema 17. El contrato de trabajo. Notas definitorias. Relación laboral común y relaciones laborales especiales. El trabajo de los menores. Régimen jurídico de los trabajadores extranjeros. Conciliación de la vida laboral y familiar»; «Tema 18. Modalidades de contrato laboral. Contrato indefinido, contratos temporales, formativos, a distancia: el teletrabajo, a tiempo parcial, fijo discontinuo y de relevo. Fomento del empleo de las personas con discapacidad»; «Tema 19. Prestaciones del trabajador. Derechos y deberes. Clasificación profesional. La efectividad del principio de igualdad y la prohibición de discrimina-

---

16.   Cfr. Base séptima (rotulada «Ejercicios de la oposición»), apartado 4, párrafo segundo.

ción directa e indirecta. Vacaciones, descansos y permisos. Prestación del trabajo, jornada y horario. Ordenación del tiempo de trabajo cuando se trate de trabajadores que tengan la consideración de víctimas de violencia de género»; «Tema 20. Prestaciones del empresario. Ocupación efectiva. Salario y garantías salariales, con especial mención a la igualdad retributiva entre mujeres y hombres. El Fondo de Garantía Salarial. Obligaciones de Seguridad Social y prevención de riesgos laborales. Obligaciones y responsabilidades en el sistema de trabajo por contratas. La protección de la mujer embarazada»; «Tema 21. Vicisitudes de la relación laboral: movilidad funcional, movilidad geográfica, modificación sustancial de las condiciones de trabajo, sucesión de empresa, suspensión del contrato de trabajo y excedencias. Tratamiento de la movilidad geográfica y de la suspensión del contrato para los trabajadores que tengan la consideración de víctimas de violencia de género»; «Tema 22. La extinción del contrato de trabajo. Despido disciplinario. Despido colectivo. Extinción por causas objetivas, especial referencia a las faltas de asistencia al trabajo en los casos de trabajadores víctimas de violencia de género. Especial consideración de la nulidad del despido en los casos de los trabajadores que tengan la consideración de víctimas de violencia de género. Extinción por voluntad del trabajador: menoscabo de la dignidad del trabajador, acoso sexual y por razón de sexo, supuestos de violencia de género»; «Tema 23. Los sindicatos. Derecho de libertad sindical. La mayor representatividad sindical. Tutela de la libertad sindical. La representación de los trabajadores en la empresa. Comité de empresa y delegados de personal. Secciones y delegados sindicales»; «Tema 24. Conflictos colectivos: formalización y resolución. El derecho de huelga. El cierre empresarial. Otras formas de conflicto colectivo»;

«Tema 25. Concepto y principios de la Seguridad Social. La acción protectora: concepto y contenido. La enfermedad y el accidente ante la Seguridad Social. Incapacidad temporal, incapacidad permanente y sus grados. Maternidad, paternidad, adopción y acogimiento. Riesgo durante el embarazo y la lactancia, corresponsabilidad en el cuidado de hijos menores y familiares dependientes. Jubilación. Viudedad y orfandad. Protección de los desempleados»; «Tema 26. La Seguridad Social en materia de violencia de género. La cotización en los supuestos de suspensión con reserva al puesto de trabajo. El desempleo: situación legal, determinación del período de ocupación cotizada y compromiso de actividad. Pensión de viudedad en supuestos de separación, divorcio y nulidad matrimonial. Prestación de orfandad y compatibilidades. Prestaciones de muerte y supervivencia: concepto, impedimentos y suspensión cautelar. Incremento de las pensiones de orfandad y a favor de familiares»; «Tema 27. El proceso laboral. Principios y especialidades. Distribución de competencia entre los órganos jurisdiccionales sociales. Conciliación extrajudicial y la vía administrativa previa. Demanda, conciliación intraprocesal y acto de juicio. La sentencia en el proceso laboral»; y «Tema 28. El proceso laboral ordinario y las modalidades procesales. Especial referencia a las modalidades relativas de la tutela de los derechos fundamentales y libertades públicas y a la de los derechos de conciliación de la vida personal, familiar y laboral reconocidos legal o convencionalmente y ejercicio de los derechos de la trabajadora víctima de violencia de género; medidas cautelares. Régimen de recursos. La ejecución laboral»[17].

---

17. Véase Anexo I del citado Acuerdo de 28 octubre 2022, págs. 149622-149624.

3. Esta notoria falta de especialización, originaria o seminal, contrasta clamorosamente con el protagonismo que asigna en procesos laborales al Ministerio Fiscal la Ley 36/2011, Reguladora de la Jurisdicción Social[18]. Como puse de relieve en su momento, esta Ley sólo contiene trece referencias expresas a la Inspección de Trabajo y Seguridad Social, a pesar de su carácter híper-especializado, ninguna de las cuales aparece contenida en los Libros Tercero y Cuarto de la misma[19]. En cambio, a pesar de su magra especialización, la Ley 36/2011 contiene hasta cuarenta y dos referencias expresas a la Fiscalía o al Ministerio Fiscal, de las cuales tres aparecen contenidas en el Libro Primero (más en concreto, en los artículos 5.3, 17.4 y 60.3), quince en el Libro Segundo [más en concreto, en los artículos 80.2, 82.1, 82.2, 163.4, 164.6, 165.1.a), 165.4, 166.1, 167.2, 173.1, 173.3, 176, 177.3, 178.2 y 180.5], veintitrés en el Libro Tercero (más en concreto, en los artículos 200.2, 201.1, 213.3, 213.5, 214 [cuatro referencias], 219 [ocho referencias], 220.1, 220.2, 225.3, 226.3 [tres referencias], 227.1) y la restante en el Libro Cuarto (más en concreto, en el artículo 240.4). Es cierto que algunas de estas menciones parifican la intervención en procesos laborales del Ministerio Fiscal y de

---

18. La intervención del Ministerio Fiscal en procesos laborales es un tópico doctrinal procesal clásico. Sobre el tema, véase Manuel Jesús DOLZ LAGO, «Presente y futuro del Ministerio Fiscal en la Jurisdicción Social», *Revista de Trabajo y Seguridad Social*, núm. 22 (1996), págs. 7 y ss.; María del Carmen ARROYO MENA, «Intervención del Ministerio Fiscal en el proceso laboral», *Revista Española de Derecho del Trabajo*, núm. 82 (1997), págs. 191 y ss.; Francisco Javier MONTERO LA RUBIA, «La intervención del Ministerio Fiscal en la jurisdicción social», *Revista Jurídica de Canarias*, núm. 4 (2007), págs. 67 y ss.; y Aurelio DESDENTADO BONETE y Paz MENÉNDEZ SEBASTIÁN, «El Ministerio Fiscal en el proceso social de tutela de los derechos fundamentales», *Justicia Laboral. Revista de Derecho del Trabajo y de la Seguridad Social*, núm. 34 (2008), págs. 13 y ss.

19. Véase *supra*, Capítulo Primero, núm. **3.**

la Inspección de Trabajo y Seguridad Social, lo que ocurre en la hipótesis de que dicha intervención se refiera a la emisión de informes (de todas formas, los informes en cuestión nunca se solapan, pues aparecen exigidos en relación con la tramitación de recursos, como ocurre en los supuestos previstos en los artículos 213.1, 214.1, 214.2, 225.3, 226.3 y 227.1[20], variando en estos preceptos el plazo dentro del cual debe evacuarse el informe en cuestión, aunque todos ellos presenten el común denominador de tratarse de un informe preceptivo, lo que no siempre ocurre con los informes emitidos por la Inspección de Trabajo y Seguridad Social, como pudimos comprobar en su momento al tratar de los mismos[21]). Pero también es cierto que en el grueso de los supuestos dicha parificación no existe, pues la Ley 36/2011, Reguladora de la Jurisdicción Social, otorga expresamente al Ministerio Fiscal la posición de parte principal (o si se prefiere, de parte a todos los efectos) no sólo en la instancia, sino también en los procesos impugnatorios e, incluso, en los procesos ejecutivos, lo que no ocurre en absoluto con la Inspección de Trabajo y Seguridad Social.

4. En efecto, sobre la base de que «el Ministerio Fiscal estará legitimado para intervenir en todos aquellos supuestos previstos en la presente Ley»[22], en los procesos de instancia, su posición de parte principal aparece exigida en los procesos de impugnación de convenios colec-

---

20. Siempre sin solaparse, al informe —aunque verbal— podría asimilársele la «audiencia» prevista en el artículo 5, apartado 3 (literalmente, «la declaración de oficio de la falta de jurisdicción o de competencia en los casos de los dos párrafos anteriores requerirá previa audiencia de las partes y del Ministerio Fiscal en plazo común de tres días»).

21. Véase *supra*, Capítulo Segundo.

22. Artículo 17, apartado 4.

tivos («el juez o tribunal que en dichos procedimientos apreciara la ilegalidad de alguna de las referidas disposiciones lo pondrá en conocimiento del Ministerio Fiscal para que, en su caso, pueda plantear su ilegalidad a través de la modalidad procesal de impugnación de convenios colectivos»[23], pues «el Ministerio Fiscal será parte siempre en estos procesos»[24]), en los procesos sobre denegación del depósito de estatutos sindicales («la Administración pública a la que esté adscrita la oficina de depósito de estatutos autora de la resolución impugnada, así como el Ministerio Fiscal, serán siempre parte en estos procesos»)[25], en los procesos sobre impugnación de los estatutos de los sindicatos («el Ministerio Fiscal será siempre parte en estos procesos»)[26], en los procesos de impugnación de los estatutos de las asociaciones empresariales («el Ministerio Fiscal será siempre parte en dichos procesos, con independencia de su legitimación activa para promover los mismos»)[27], en los procesos de tutela de los derechos fundamentales y libertades públicas («el Ministerio Fiscal será siempre parte en estos procesos en defensa de los derechos fundamentales y de las libertades públicas, velando especialmente por la integridad de la reparación de las víctimas e interesando la adopción, en su caso, de las medidas necesarias para la depuración de las conductas delictivas»)[28], así como en procesos distintos en que se debata dicha tutela de derechos fundamentales y libertades públicas («incluida la citación como

---

23. Artículo 163, apartado 4.
24. Artículo 164, apartado 6. Cfr., también, artículo 165, apartado 4.
25. Artículo 167, apartado 2.
26. Artículo 173, apartado 3.
27. Artículo 176, inciso segundo.
28. Artículo 177, apartado 3.

parte al Ministerio Fiscal»)[29]. En los procesos impugnatorios, su posición como recurrente es evidente (e incluso, privilegiada), probándolo así el hecho de que la Ley 36/2011 afirme que «El Ministerio Fiscal, en su función de defensa de la legalidad, de oficio o a instancia de los sindicatos, organizaciones empresariales, asociaciones representativas de los trabajadores autónomos económicamente dependientes o entidades públicas que, por las competencias que tengan atribuidas, ostenten interés legítimo en la unidad jurisprudencial sobre la cuestión litigiosa, … podrá interponer recurso de casación para unificación de doctrina»[30], teniendo en cuenta que también se le otorga dicho privilegio «cuando se constate la dificultad de que la cuestión pueda acceder a unificación de doctrina según los requisitos ordinariamente exigidos o cuando las normas cuestionadas por parte de los tribunales del orden social sean de reciente vigencia o aplicación, por llevar menos de cinco años en vigor en el momento de haberse iniciado el proceso en primera instancia, y no existieran aún resoluciones suficientes e idóneas sobre todas las cuestiones discutidas que cumplieran los requisitos exigidos en el apartado 1 de este artículo»[31]. En fin, cabe incluso su intervención como

---

29.   Cfr. artículo 178, apartado 2.

30.   Cfr. artículo 219, apartado 3, párrafo primero, inciso primero.

31.   *Ibidem*, inciso segundo. Comentando este precepto, véase José Ángel Folguera Crespo, Fernando Salinas Molina y María Luisa Segoviano Astaburuaga (Directores), *Comentarios a la Ley Reguladora de la Jurisdicción Social*, 3ª ed., Thomson Reuters – Lex Nova (Valladolid, 2012), págs. 847 y ss.; y Jesús R. Mercader Uguina (Director) y Ana De La Puebla Pinilla y Francisco Javier Gómez Abelleira (Coordinadores), L*ey reguladora de la jurisdicción social comentada con jurisprudencia*, La Ley (Madrid, 2015), págs. 1457 y ss. Además, véase Francisco Ramos Moragues, «El recurso de casación por unificación de doctrina instado por el Ministerio Fiscal: art. 219.3 LRJS», en Tomás Sala Franco (Director) y Luis E. Nores Torres (Coordinador), *Problemas actuales del pro-*

parte en procesos ejecutivos, afirmando a este respecto la Ley 36/2011 que «el Ministerio Fiscal será siempre parte en los procesos de ejecución derivados de títulos ejecutivos en que se haya declarado la vulneración de derechos fundamentales y de libertades públicas, velando especialmente por la integridad de la reparación de las víctimas»[32].

5. Pues bien, a la vista de este contexto (marcado por la hipertrofia de la intervención del Ministerio Fiscal, a pesar de su aparente falta de especialización en asuntos de Derecho del Trabajo y de la Seguridad Social, y por la paralela hipotrofia de la intervención en procesos laborales de la Inspección de Trabajo y Seguridad Social, a pesar de su evidente híper-especialización en dicho tipo de asuntos), no parecería imprudente proponer *de lege ferenda* una modificación de la Ley 36/2011, al efecto de potenciar los supuestos de intervención de dicha Inspección en procesos laborales, sacándole un mayor partido a su máxima especialización. No se trataría de restar competencias al Ministerio Fiscal, pero tampoco de parificar con él los supuestos de intervención procesal laboral de la Inspección de Trabajo y Seguridad Social, pues ya hemos comprobado que los Inspectores (y Subinspectores, también) se quejan de que la promulgación de la

---

ceso laboral. Homenaje al profesor José Mª. Goerlich Peset con ocasión de sus 25 años como Catedrático de Derecho del Trabajo y de la Seguridad Social,* Tirant lo Blanch (Valencia, 2020), págs. 771 y ss.

32.   Artículo 240, apartado 4.

Ley 23/2015, Ordenadora del Sistema de Inspección de Trabajo y Seguridad Social, ha implicado un incremento de funciones y actividades inspectoras, sin que esto se haya reflejado en los niveles funcionariales que se les asigna (y consecuentemente, en sus retribuciones)[33]. Por ello mismo, la modificación que se propone debería eludir la necesidad de que los Inspectores de Trabajo y Seguridad Social tengan que comparecer en juicio, como hace el Ministerio Fiscal, manteniendo el supuesto más importante de intervención de la Inspección de Trabajo y Seguridad Social en procesos laborales, que es el de la emisión de informes[34]. En mi opinión, estos informes deberían extenderse a todos aquellos supuestos en que interviene el Ministerio Fiscal, incluyendo la emisión de informes en vía de recurso, que es —hasta el momento presente— un territorio vedado a la Inspección de Trabajo y Seguridad Social. A este efecto, para sacar el máximo partido a su híper-especialización, la emisión de informes relativos a recursos debería producirse una vez que las partes recurrente y recurrida hayan concluido su intervención en los mismos (consecuentemente, una vez que la parte recurrida haya registrado su escrito de impugnación del recurso).

---

33.   Véase *supra*, Capítulo Noveno, núms. **2** y **3**.
34.   Véase *supra*, Capítulo Segundo.

ÍNDICE TÓPICO[1]

---

1.   La abreviatura Intr. remite a la Introducción, mientras que el número arábigo remite al texto de la propia Introducción, de manera que Intr.-3 significa Introducción, número 3. En cuanto a los Capítulos, el primer número arábigo remite al Capítulo, mientras que el segundo arábigo remite al concreto epígrafe de ese mismo Capítulo, de manera que 3-3 significa Capítulo Tercero, número 3. Finalmente, la letra E remite al Epílogo, mientras que el número arábigo remite al texto del propio Epílogo, de manera que E-3 significa Epílogo, número 3.

— INTERVENCIÓN PROCESAL DE LA INSPECCIÓN DE TRABAJO COMO SOLICITANTE DE AUTORIZACIONES JUDICIALES: 4-1.
  - Antecedentes normativos: 4-2.
  - Domicilio a efecto de notificaciones: 4-3.
  - Domicilio de la persona trabajadora: 4-5.
  - Domicilio morada: 4-3.
  - Morada del empresario: 4-4.
  - Servicio del hogar familiar: 4-4.

— INTERVENCIÓN PROCESAL DE LA INSPECCIÓN DE TRABAJO EN MEDIDAS CAUTELARES: 3-1.
  - Como colaborador de la autoridad laboral: 3-4.
  - Como parte principal demandada en el incidente: 3-5.

— INTERVENCIÓN PROCESAL DE LAS ASOCIACIONES EMPRESARIALES: 1-1.

— INTERVENCIÓN PROCESAL DE LAS ENTIDADES GESTORAS DE LA SEGURIDAD SOCIAL: 1-1.

— INTERVENCIÓN PROCESAL DE LOS SERVICIOS COMUNES DE LA SEGURIDAD SOCIAL: 1-1.

— INTERVENCIÓN PROCESAL DE LOS SINDICATOS: 1-1.

— INTERVENCIÓN PROCESAL DEL FOGASA: 1-1.

— INTERVENCIÓN PROCESAL DEL MINISTERIO FISCAL: 1-1.

— INTERVENCIÓN PROCESAL DIRECTA DE LA INSPECCIÓN DE TRABAJO COMO INFORMANTE: 2-1; 2-7.
  - En procesos de accidente de trabajo: 2-2.

- En procesos de clasificación profesional: 2-4.
- En procesos de movilidad geográfica y modificación sustancial de condiciones de trabajo: 2-5.
- En procesos de trabajo a distancia: 2-6.
- En procesos para la determinación de contingencias: 2-3.

— INTERVENCIÓN PROCESAL DIRECTA DE LA INSPECCIÓN DE TRABAJO COMO RECEPTORA DE COMUNICACIONES JUDICIALES
- Abuso de la contratación laboral: 5-2.
- Empresario demandado: 5-4.
- Entidad gestora demandante: 5-3.
- Impugnación de prestaciones por desempleo: 5-1.
- Trabajador demandado: 5-4.

— INTERVENCIÓN PROCESAL DIRECTA DE LA INSPECCIÓN DE TRABAJO COMO SOLICITANTE DE INFORMACIÓN PROCESAL
- En relación con entramados societarios: 5-5.
- Supuesto general: 5-5.
- Supuestos especiales: 5-5.

— INTERVENCIÓN PROCESAL MEDIATA DE LA INSPECCIÓN DE TRABAJO A TRAVÉS DE LA AUTORIDAD LABORAL
- Carácter residual: 8-1.
- Colaboración con las autoridades judiciales: 8-3.
- Recepción de comunicaciones judiciales: 8-2.
- Regulación extravagante: 8-1.

— INTERVENCIÓN PROCESAL MEDIATA DE LA INSPECCIÓN DE TRABAJO COMO ACTUARIA
- Conexión con otros supuestos: 7-4.

— ORIGINALIDAD DEL TEMA: Intr.-5.

— PARALIZACIÓN DE TRABAJOS POR RIESGO GRAVE E INMINENTE: 3-3.

— TESIS DOCTORALES SOBRE LA INSPECCIÓN DE TRA-BAJO: Intr.-2; Intr.-3.

— VISITAS: 9-5.

ÍNDICE DE BIBLIOGRAFÍA CITADA

Rafael ALCÁCER GUIRAO, «Artículo 18.2. El derecho a la inviolabilidad del domicilio», en Miguel RODRÍGUEZ-PIÑERO Y BRAVO FERRER y María Emilia CASAS BAAMONDE, *Comentarios a la Constitución Española*, tomo I, Boletín Oficial del Estado (Madrid, 2018).

Manuel ALONSO OLEA, «Notas sobre la historia de los procesos de trabajo», en *Homenaje al profesor Giménez Fernández*, vol. II, Universidad (Sevilla, 1967).

Manuel ALONSO OLEA y María Emilia CASAS BAAMONDE, *Derecho del Trabajo*, 26ª ed., Civitas-Thomson Reuters (Madrid, 2009).

Manuel ALONSO OLEA, César MIÑAMBRES PUIG y Rosa Mª. ALONSO GARCÍA, *Derecho Procesal del Trabajo*, 11ª ed., Civitas (Madrid, 2001).

Henar ÁLVAREZ CUESTA, *El impacto de la inteligencia artificial en el trabajo: desafíos y propuestas*, Thomson Reuters-Aranzadi (Cizur Menor-Navarra, 2020).

Henar ÁLVAREZ CUESTA, «El impacto de la tecnología en las relaciones laborales: retos presentes y desafíos futuros», *Revista Justicia & Trabajo*, núm. 2 (2023).

Manuel ÁLVAREZ FEIJOO, «Valor probatorio de las actas e informes de la Inspección de Trabajo en el proceso penal», *Actualidad Jurídica Uría Menéndez*, núm. 23 (2009).

María del Carmen ARROYO MENA, «Intervención del Ministerio Fiscal en el proceso laboral», *Revista Española de Derecho del Trabajo*, núm. 82 (1997).

Alberto ARUFE VARELA, *Estudio comparado de la carrera administrativa de los funcionarios del sistema de Inspección de Trabajo y Seguridad Social en Europa*, Ministerio de Trabajo y Asuntos Sociales (Madrid, 2007).

Antonio BAYLOS GRAU, «Contrato de trabajo e irrenunciabilidad de derechos», en Antonio BAYLOS GRAU, Candy FLORENCIO THOMÉ y Rodrigo GARCÍA SCHWARZ (Coordinadores), *Diccionario internacional de Derecho del Trabajo y de la Seguridad Social*, Tirant lo blanch (Valencia, 2014).

Damián BENEYTO CALABUIG, *Las infracciones laborales y el procedimiento sancionador*, CISS (Barcelona, 2000).

Francisco BENITA FERNÁNDEZ, *Infracciones y sanciones en el orden social*, Lex Nova (Valladolid, 1997).

Juan María BILBAO UBILLOS, «La llamada ley mordaza: la Ley Orgánica 4/2015, de protección de la seguridad ciudadana», *Teoría y realidad constitucional*, núm. 36 (2015).

Ángel BLASCO PELLICER, «Proceso de clasificación profesional», en Ángel BLASCO PELLICER (Director), *El proceso laboral. Con toda la doctrina del Tribunal Constitucional, la jurisprudencia del Tribunal Supremo y la doctrina judicial de las Salas de lo Social de la Audiencia Nacional, de los Tribunales Superiores de Justicia y los Juzgados de lo Social*, Tirant lo Blanch (Valencia, 2005).

Ángel BLASCO PELLICER, «El tratamiento procesal del trabajo a distancia», en Mercedes LÓPEZ BALAGUER (Coordinadora), *El trabajo a distancia en el RDL 28/2020*, Tirant lo Blanch (Valencia, 2021).

Ángel BLASCO PELLICER y María Amparo GARCÍA RUBIO, *Curso de Derecho Administrativo laboral*, Tirant lo Blanch (Valencia, 2001).

Efrén BORRAJO DACRUZ (Director), *Comentarios a las Leyes Laborales*, tomo XIII, vols. 1º y 2º, Editorial Revista de Derecho Privado-EDERSA (Madrid, 1990).

Efrén BORRAJO DACRUZ, *Introducción al Derecho del Trabajo*, 20ª ed., Tecnos (Madrid, 2011).

Jaime CABEZA PEREIRO, «ERTE y garantía de ocupación: incertidumbres y certezas», *Revista de Trabajo y Seguridad Social. CEF*, núm. 456 (2021).

Miguel CASINO RUBIO, «La moderna Ley Orgánica 4/2015, de Seguridad Ciudadana, y sus debilidades», en Manuel IZQUIERDO CARRASCO y Lucía ALARCÓN SOTOMAYOR (Directores), *Estudios sobre la Ley Orgánica de Seguridad Ciudadana*, Thomson Reuters-Aranzadi (Cizur Menor, 2019).

Faustino CAVAS MARTÍNEZ, *El recurso de suplicación*, Comares (Granada, 2000).

Aurelio DESDENTADO BONETE y Paz MENÉNDEZ SEBASTIÁN, «El Ministerio Fiscal en el proceso social de tutela de los derechos fundamentales», *Justicia Laboral. Revista de Derecho del Trabajo y de la Seguridad Social*, núm. 34 (2008).

Elena DESDENTADO DAROCA, «El proceso de dignificación del trabajo doméstico diez años después de sus comienzos: la ratificación del Convenio 189 OIT y la reforma introducida por el Real Decreto-ley 16/2022», *Revista del Ministerio de Trabajo y Economía Social*, núm. 155 (2023).

Manuel Jesús DOLZ LAGO, «Presente y futuro del Ministerio Fiscal en la Jurisdicción Social», *Revista de Trabajo y Seguridad Social*, núm. 22 (1996).

María Amparo ESTEVE SEGARRA, «La competencia de los órdenes jurisdiccionales en materia de la impugnación de las cuestiones relativas a la protección por desempleo», *Revista de Información Laboral*, núm. 8 (2016).

Juan Antonio FERNÁNDEZ BERNAD, «El principio de indisponibilidad/irrenunciabilidad de derechos laborales: cuestiones actuales», en Juan Antonio MALDONADO MOLINA, María Nieves MORENO VIDA, José Luis MONEREO PÉREZ, Fábio Túlio BARROSO y Horacio LAS HERAS (Directores), *El futuro del Derecho del Trabajo y de la Seguridad Social en un panorama de reformas estructurales. Desafíos para el trabajo decente*, Laborum (Murcia, 2018).

Javier FERNÁNDEZ-COSTALES MUÑIZ, *La imposibilidad de la prestación de servicios del trabajador por causas imputables al empresario*, Servicio de Publicaciones de la Universidad (León, 2003).

José Ángel FOLGUERA CRESPO, «Comentario al artículo 93 de la Ley reguladora de la Jurisdicción Social», en el volumen *La prueba en el proceso laboral*, Thomson Reuters-Aranzadi (Cizur Menor-Navarra, 2017).

José Ángel FOLGUERA CRESPO, Fernando SALINAS MOLINA y María Luisa SEGOVIANO ASTABURUAGA (Directores), *Comentarios a la Ley Reguladora de la Jurisdicción Social*, 3ª ed., Thomson Reuters – Lex Nova (Valladolid, 2012).

Fermín GALLEGO MOYA, «Configuración judicial del teletrabajo», en Icíar ALZAGA RUIZ, Carmen SÁNCHEZ TRIGUEROS y Francisco Javier HIERRO HIERRO (Coordinadores), *El trabajo a distancia. Una perspectiva global*, Thomson Reuters-Aranzadi (Cizur Menor-Navarra, 2021).

José Ignacio GARCÍA NINET (Director) y Aránzazu VICENTE PALACIO (Coordinadora), *Derecho del Trabajo*, 9ª ed., Thomson Reuters Aranzadi (Cizur Menor-Navarra, 2016).

Ignacio GARCÍA-PERROTE ESCARTÍN y Jesús R. MERCADER UGUI-NA (Directores), *Comentarios a la Ley General de la Seguridad Social*, 2ª ed., Lex Nova (Valladolid, 2016).

Francisco J. GÓMEZ ABELLEIRA, *El proceso especial de seguridad social*, EDERSA (Madrid, 2000).

José Luis GOÑI SEIN, *El respeto a la esfera privada del trabajador. Un estudio sobre los límites del poder de control empresarial*, Civitas (Madrid, 1988).

José Luis GOÑI SEIN, *La videovigilancia empresarial y la protección de datos personales*, Thomson-Civitas (Madrid, 2007).

José Luis GOÑI SEIN, *La nueva regulación europea y española de protección de datos y su aplicación al ámbito de la empresa (incluido el Real Decreto-Ley 5/2018)*, Bomarzo (Albacete, 2018).

Manuel IGLESIAS CABERO, «Procedimiento de oficio», Efrén BORRAJO DACRUZ (Director), *Comentarios a las leyes laborales. La nueva Ley de Procedimiento Laboral (Real Decreto Legislativo 521/1990, de 27 de abril)*, tomo XIII-volumen 2, EDERSA (Madrid, 1990).

Manuel IGLESIAS CABERO (Coordinador), José Mª. BOTANA LÓPEZ, Iñigo SAGARDOY DE SIMÓN, Leodegario FERNÁNDEZ MARCOS y Juan José FERNÁNDEZ DOMÍNGUEZ, *Comentarios a la Ley de Prevención de Riesgos Laborales*, Civitas (Madrid, 1997).

Manuel IGLESIAS CABERO, Mariano SAMPEDRO CORRAL, José María MARÍN CORREA, Elías GONZÁLEZ-POSADA MARTÍNEZ y Juan José FERNÁNDEZ DOMÍNGUEZ (Coordinadores), *El proceso laboral. Ley de Procedimiento Laboral comentada*, Ediciones Deusto (Barcelona, 2005).

Brais Columba IGLESIAS OSORIO, «La caducidad del procedimiento de revocación y reintegro de la prestación por desempleo: la especificidad de su impugnación», *Revista de Trabajo y Seguridad Social. CEF*, núm. 454 (2021).

Ángel Aday JIMÉNEZ ALEMÁN, «Capítulo II: Derechos y libertades. Artículo 18», en Luis María CAZORLA PRIETO y Alberto PALOMAR OLMEDA (Directores), *Comentarios a la Constitución española de 1978*, Thomson Reuters-Aranzadi (Cizur Menor-Navarra, 2018).

María de los Reyes MARTÍNEZ BARROSO, *Sujetos responsables de los incumplimientos en materia preventiva*, Bomarzo (Albacete, 2016).

María de los Reyes MARTÍNEZ BARROSO y Diego MEGINO FERNÁNDEZ, «Telemática y pruebas procesales: comentario a la Sentencia del Tribunal Superior de Justicia de Galicia de 3 de junio de 2020», *Revista de Trabajo y Seguridad Social. CEF*, núm. 452 (2020).

Jesús MARTÍNEZ GIRÓN, «Litisconsorcio pasivo necesario y procesos de seguridad social», *Revista de Política Social*, núm. 129 (1981).

Jesús MARTÍNEZ GIRÓN, «Litisconsortes pasivos necesarios en procesos de seguridad social», *Revista de Política Social*, núm. 130 (1981).

Jesús MARTÍNEZ GIRÓN, *La contratación laboral de servicios profesionales*, Universidad (Santiago de Compostela, 1988).

Jesús MARTÍNEZ GIRÓN, «La prueba en los recursos laborales. Interpretación del art. 231 de la Ley de Procedimiento Laboral», *Estudios de Derecho Judicial*, núm. 63 (2004).

Jesús MARTÍNEZ GIRÓN, «El cierre patronal en los manuales españoles de Derecho del Trabajo del siglo XX. A propósito de su tratamiento en la primera edición del "Derecho del Trabajo" del Profesor Diéguez», en Jaime CABEZA PEREIRO y Jesús MARTÍNEZ GIRÓN (Coordinadores), *El conflicto colectivo y la huelga. Estudios en homenaje al profesor Gonzalo Diéguez*, Laborum-Universidad de Vigo (Murcia, 2008).

Jesús MARTÍNEZ GIRÓN, «El género doctrinal "Comentarios" en el Derecho alemán. A propósito del "Comentario Erfurtense" sobre Derecho alemán de Trabajo», *Revista Española de Derecho del Trabajo*, núm. 141 (2009).

Jesús MARTÍNEZ GIRÓN, «La legitimación del socio único de la sociedad de capital unipersonal en los procesos laborales», *Revista Española de Derecho del Trabajo*, núm. 154 (2012).

Jesús MARTÍNEZ GIRÓN, «La tutela cautelar en la jurisdicción social», *Nueva Revista Española de Derecho del Trabajo*, núm. 194 (2017).

Jesús MARTÍNEZ GIRÓN, «La exclusión de las sociedades de capital patrimoniales del sistema de la Seguridad Social. Una evidencia corregible de capitalismo insolidario», *Revista de Derecho Social*, núm. 91(2020).

Jesús MARTÍNEZ GIRÓN, «La laboralización de los trabajadores al servicio de plataformas digitales por la jurisprudencia, en Alemania. Un estudio comparado con el Derecho español», *Revista Crítica de Relaciones de Trabajo*, núm. 1 (2021).

Jesús MARTÍNEZ GIRÓN y Alberto ARUFE VARELA, *Derecho crítico del Trabajo. Critical labor law*, 4ª ed., Atelier (Barcelona, 2016).

Virginia MAYORDOMO RODRIGO, «Desprotección del afectado en ocupaciones ilegales sin violencia ni intimidación: allanamiento de morada y usurpación de inmuebles», *Revista General de Derecho Penal*, núm. 34 (2020).

Juan MENÉNDEZ PIDAL, *Derecho Procesal Social*, Editorial Revista de Derecho Privado (Madrid, 1947).

Jesús R. MERCADER UGUINA y Ana DE LA PUEBLA PINILLA, «Cuestiones comunes a los ERTE por fuerza mayor y por causas ETOP», en Cristina ARAGÓN GÓMEZ (Coordinadora), *Impacto del COVID-19 en materia laboral y de Seguridad Social*, Francis Lefebvre (Madrid, 2020).

Jesús R. MERCADER UGUINA (Director) y Ana DE LA PUEBLA PINILLA y Francisco Javier GÓMEZ ABELLEIRA (Coordinadores), *Ley reguladora de la jurisdicción social comentada con jurisprudencia*, La Ley (Madrid, 2015).

José Luis MONEREO PÉREZ, Cristóbal MOLINA NAVARRETE y María Nieves MORENO VIDA (Directores), *Comentario a la Ley de Prevención de Riesgos Laborales y sus desarrollos reglamentarios*, Comares (Granada, 2004).

José Luis MONEREO PÉREZ, Cristóbal MOLINA NAVARRETE, María Nieves MORENO VIDA y Francisco VILA TIERNO, *Manual de Derecho del Trabajo*, 16ª ed., Comares (Granada, 2018).

José Luis MONEREO PÉREZ (Director), Carolina SERRANO FALCÓN y Luis Ángel TRIGUERO MARTÍNEZ (Coordinadores), *El nuevo proceso laboral. Estudio técnico-jurídico de la Ley de Procedimiento Laboral*, Comares (Granada, 2011).

Francisco Javier MONTERO LA RUBIA, «La intervención del Ministerio Fiscal en la jurisdicción social», *Revista Jurídica de Canarias*, núm. 4 (2007).

Alfredo MONTOYA MELGAR, *Jurisdicción y Administración de Trabajo. Extensión y límites de sus respectivas competencias*, Tecnos (Madrid, 1970).

Alfredo MONTOYA MELGAR, *Derecho del Trabajo*, 41ª ed., Tecnos (Madrid, 2020).

Alfredo MONTOYA MELGAR, Jesús Mª. GALIANA MORENO, Antonio V. SEMPERE NAVARRO, Bartolomé RÍOS SALMERÓN, Faustino CAVAS MARTÍNEZ, José LUJÁN ALCARAZ y Alberto CÁMARA BOTÍA, *Comentarios a la Ley de Procedimiento Laboral*, Aranzadi (Elcano-Navarra, 2000).

Juan MOZAS PILLADO, «Allanamiento de morada versus usurpación de inmuebles: dos tipos delictivos semejantes en su redacción, pero muy diferentes en su contenido», *Ciencia policial. Revista del Instituto de Estudios de la Policía*, núm. 153 (2019).

Francisco OLARTE MADERO, «Modalidad procesal de movilidad geográfica y modificaciones sustanciales de las condiciones de trabajo», en Ángel BLASCO PELLICER (Director), *El proceso laboral. Con toda la doctrina del Tribunal Constitucional, la jurisprudencia del Tribunal Supremo y la doctrina judicial de las Salas de lo Social de la Audiencia Nacional, de los Tribunales Superiores de Justicia y los Juzgados de lo Social*, Tirant lo Blanch (Valencia, 2005).

Francisco OLARTE MADERO y Tomás SALA FRANCO, «Modalidad procesal de movilidad geográfica, modificaciones sustanciales de condiciones de trabajo, suspensión del contrato y reducción de jornada por causas económicas, técnicas, organizativas o producción o derivadas de fuerza mayor», en Ángel BLASCO PELLICER y Manuel ALEGRE NUENO (Directores), *El proceso laboral. Ley 36/2011, de 10 de octubre, reguladora de la Jurisdicción Social*, 2ª ed., Tirant lo Blanch (Valencia, 2021).

María del Carmen ORTIZ LALLANA, *La intervención del sindicato en el proceso de trabajo*, Consejo Económico y Social (Madrid, 1994).

Javier PARDO FALCÓN, «Los derechos del artículo 18 de la Constitución española en la jurisprudencia del Tribunal Constitucional», *Revista Española de Derecho Constitucional*, núm. 3 (1992).

Fernando PÉREZ-ESPINOSA SÁNCHEZ, *Las infracciones laborales y la Inspección de Trabajo*, Montecorvo (Madrid, 1977).

Francisco RAMOS MORAGUES, «Proceso de clasificación profesional», en Ángel BLASCO PELLICER y Manuel ALEGRE NUENO (Directores), *El proceso laboral. Ley 36/2011, de 10 de octubre, reguladora de la Jurisdicción Social*, 2ª ed., Tirant lo Blanch (Valencia, 2021).

Francisco RAMOS MORAGUES, «El recurso de casación por unificación de doctrina instado por el Ministerio Fiscal: art. 219.3 LRJS», en Tomás SALA FRANCO (Director) y Luis E. NORES TORRES (Coordinador), *Problemas actuales del proceso laboral. Homenaje al profesor José Mª. Goerlich Peset con ocasión de sus 25 años como Catedrático de Derecho del Trabajo y de la Seguridad Social*, Tirant lo Blanch (Valencia, 2020).

Iván A. RODRÍGUEZ CARDO, «Los ERTE como alternativa al despido», en Joaquín GARCÍA MURCIA (Editor), *Opiniones sobre la reforma laboral 2021-2022*, KRK (Oviedo, 2022).

Carlos RODRÍGUEZ DEVESA, *Ley de Procedimiento Laboral y su jurisprudencia*, 3ª ed., Aranzadi (Madrid, 1980).

Juan Carlos RODRÍGUEZ HERGUERA, *El procedimiento sancionador por infracciones laborales. Jurisprudencia, legislación y formularios*, Aranzadi (Pamplona, 1988).

Sara RUANO ALBERTOS, *El régimen jurídico de los empleados de hogar*, Atelier (Barcelona, 2013).

Carmen SALCEDO BELTRÁN, «La relación laboral especial del hogar familiar: ámbito de aplicación, contratación y extinción», en María Jesús ESPUNY i TOMÁS, Guillermo GARCÍA GONZÁLEZ y Margarita BONET ESTEVA (Coordinadores), *Relaciones laborales y empleados del hogar. Reflexiones jurídicas*, Dykinson (Madrid, 2014).

Luis SAN MIGUEL ARRIBAS, *La inspección del trabajo*, Instituto de Estudios Políticos (Madrid, 1952).

Marta SÁNCHEZ RECIO, «La nueva Ley Orgánica de Seguridad Ciudadana», en Ana Isabel PÉREZ MACHÍO y Juana GOIZUETA VÉRTIZ (Directoras), *Tiempo de reformas. Perspectiva académica y realidad judicial*, Universidad del País Vasco (Bilbao, 2017).

Ángel José SANZ MORÁN, *El allanamiento de morada, domicilio de personas jurídicas y establecimientos abiertos al público*, Tirant lo Blanch (Valencia, 2006).

Ricardo SANTANA RODRÍGUEZ, «Particularidades de la sentencia en el proceso laboral», *Judicatura*, núm. 71 (2021).

Antonio V. SEMPERE NAVARRO (Director), *Comentarios a la Ley de Prevención de Riesgos Laborales*, Thomson Reuters-Aranzadi (Cizur Menor-Navarra, 2010).

Antonio V. SEMPERE NAVARRO, «El recurso de suplicación: objeto y ámbito», *Revista del Ministerio de Empleo y Seguridad Social*, núm. 103 (2013).

Antonio V. SEMPERE NAVARRO, Jesús R. MERCADER UGUINA, César TOLOSA TRIBIÑO y RODRIGO MARTÍN JIMÉNEZ, *Comentarios a la Ley de Infracciones y Sanciones en el Orden Social*, Thomson-Aranzadi (Cizur Menor-Navarra, 2003).

Pedro SORIA FERNÁNDEZ MAYORATAS, «La intervención del FOGASA en el proceso laboral», *Revista Española de Derecho del Trabajo*, núm. 218 (2019).

Sebastián DE SOTO RIOJA, *Proceso especial de modificaciones sustanciales y movilidad geográfica*, Thomson Reuters-Aranzadi (Cizur Menor-Navarra, 2001).

Rodrigo TASCÓN LÓPEZ, *Hacia la eficiencia procesal en el orden social de la jurisdicción*, Aranzadi (Cizur Menor-Navarra, 2023).

Francisco Andrés VALLE MUÑOZ, «La reforma del proceso judicial de clasificación profesional», *Actualidad Laboral*, núm. 13-14 (2012).

Francisco VÁZQUEZ VÁZQUEZ, *La Carta Social Europea y la Inspección de Trabajo. Un estudio comparado de los ordenamientos español, portugués y francés por la vía del procedimiento de control de informes*, Atelier (Barcelona, 2018).

Raquel VELA DÍAZ, *El nuevo régimen de las personas empleadas de hogar*, Laborum (Murcia, 2012).

Luis Enrique DE LA VILLA GIL, «El principio de irrenunciabilidad de los derechos laborales», *Revista de Política Social*, núm. 85 (1970).

Iván VIZCAÍNO RAMOS, «El orden jurisdiccional provisionalmente competente para conocer de los pleitos sobre aplicación de la Ley 39/2006, de promoción de la autonomía personal y atención a las personas en situación de dependencia», *Actualidad Laboral*, núm. 3 (2014).

Iván VIZCAÍNO RAMOS, «Sobre el evidente error dogmático cometido por la Sentencia del Pleno de la Sala de lo Social del Tribunal Supremo, relativa a los "riders" de Glovo», *Revista General de Derecho del Trabajo y de la Seguridad Social*, núm. 57 (2020).

Iván VIZCAÍNO RAMOS, «Denegación de pretensión de acceso al trabajo a distancia, formulada en conexión con el ejercicio de derechos de conciliación de la vida personal, familiar y laboral», *Revista Española de Derecho del Trabajo*, núm. 260 (2023).